私と国際交流 インタビュー集

Interviews/ International Exchange and I

〈編著〉
一般社団法人国際フレンドシップ協会
理事・事務局長
及川伊佐子

一般社団法人国際フレンドシップ協会

目次

1980年代

1990年代

※各原稿は、内容、肩書、経歴ともに掲載当時のものを使用しております。

2000年代

2010年代

※各原稿は、内容、肩書、経歴ともに掲載当時のものを使用しております。

1980
年代

首藤 信彦
黒河内 久美
久保 昭
グレン・フック

「顔のある日本」を伝えていきたい

（昭和六十三年八月号）

東海大学教授（国際政治経済評論家）　首藤《すとう》　信彦《のぶひこ》

一九七一年、まだオイルショック前で日本が列島開発ブームに沸いていた頃、商社マンだった私はアルジェリアに赴任しました。このアルジェリアで私は強烈なカルチャーショックを受け、それが私の国際交流における「原体験」ともいうべきものになりました。

現地の人たちにフランス語で日本人技術者の通訳をしようとするのですが、ほんのささいなことでも、なかなかうまく伝えられない。ひとつは受入側の問題です。ドライバーでネジ止めするといった簡単なことでも、子供のころからそういった作業に慣れ親しんだことのない現地の人にはむずかしい。もうひとつは技術を伝えるべき日本人技術者が実は自分の技術を言葉で（たとえ日本語でも）なかなかうまく表現できないという現実でした。

文化の翻訳者になろう

日本は非常に高度なレベルで均一な社会だから、日本人同士ならフィーリングで通じてしまう。しかし外国に行くとそうはいかない。お互いに理解するための共通の基盤というものがないからです。言葉のバリアだけの問題ではないんです。言葉の背景にある生活、文化を知らなければ、技術も伝えられない。

要するに、文化を翻訳しないことには意志の疎通はできない、と痛感したのです。文化というのはひとつのブラックボックスで、いろんなものがその中に入る。その翻訳をやらないと技術にしろ何にしろ永遠に伝わらない。

私はこの時、文化の翻訳者としての役割を担っていこう、日本の他の国の人々とのコミュニケーターとしての能力を磨こう、と心に決めました。コミュニケーション能力を高めるために外国に行って英語を学ぶことも考えたのですが、いろいろ制約もあったので、発想を逆転して自分の得意な専門分野を英語で教えながら、英語の上達をはかることにしました。

現在の日本では生活そのものがかなり国際化しています。どこへ行ってもハンバーガーが食べられます。ところが若者の国際化の能力は逆に落ちている。明治維新の志士達は鼻血をぽとぽと落としながら勉強し、外国へ行くために水夫をしながら毎日英語で日記をつけ、気持ちの高まりをフランス語で詩にしていたのです。今は実に気楽に外国に行って生活ができる。

それに海外からの情報があふれる中で生活しているから、外国でカルチャーショックを受けない。しかし逆に外国文化の表層に触れて、わかったような気になり、本質を知る感性が麻痺してきている。世界が日本に期待するようになっている中で、これは非常に危機的な現象だと思います。

顔のある日本を伝える

発展途上国から来た研修生に日本の経済事情を講義する機会も増えましたが、それを通じて逆に学ぶことも多い。とりわけ「私たちはこの人たちにいいことをしている」「日本は経済発展のひとつのモデルである」といった思い上がりに気をつけなければなりません。日本は、発展途上国に対して、自らの成功、いやむしろ失敗の中から、何かヒントを提供すればいい。そのためには、途上国の多様な個別のニーズ、そして世界の痛み、喜びを知っておく必要があります。

これまで日本は、テレビや自動車といったモノを通してしか世界に知られてこなかった。でも世界に対して伝えるべきことはいっぱいある。能や歌舞伎だけではなく、例えば日本の普通の人はこういう生活をしている、仕事場を離れたビジネスマンはこういうことを考えているといった日本人の実際の生活、日本の文化、アイデンティティを世界に伝えていかなければならない。

「顔のある日本」を伝えていくことこそがこれからは重要だと思います。

一九四五年、大連に生まれる。慶応大学経済学研究科博士課程修了。伊藤忠商事、米国AGSIM経営大学院客員教授、貿易研修センター助教授などを経て、現在東海大学政治経済学部教授。テレビのニュース解説などでも活躍。近著『ディフェンシブ・マネジメント』

国際交流に「隣人愛」は欠かせない

（昭和六十三年九月号）

外務省領事移住部長　黒河内《くろこうち》 久美《ひさみ》

私が初めて外国に行ったのは昭和三十三年の秋。外務省の研修で、アメリカ、ボストン近郊のフレッチャー・スクールという大学院で約二年間、国際関係論を学び寮生活を送りました。その学校は国際色豊かで、七十人ほどいた寮生のうち、三分の一近くが外国人だったと思います。アジアからは韓国、タイ、インド、パキスタンなど、その他にも世界各地から学生が来ていました。アメリカ人にも黒人、ユダヤ人、メキシコ系、ギリシャ系など様々な人たちがいます。

多様な文化背景を持つ学生たちが、同じ教室で学び、同じテーブルで食事する。そして夕食後のひととき、サロンで議論をたたかわせるという毎日は、知的刺激に満ちたものでした。どんな問題であれ、意見を述べるよう仕向けられるからです。私の発言は当然のことながら「日本人」の意見と受け取られるので、必死になって勉強したものです。

しかし、寮で一緒に生活していると、国は関係なくなる。みんなひとりの友人です。ジョンであり、キムであり、ということになるのです。

この学校では、外国人の受け入れ体制が組織的によく整っているだけでなく、アメリカ人の学生が大変親切でした。たとえばサンクスギビングの休みには、自分の両親の家に連れていってくれて、そこでは家族の一員のように迎えてくれる。つい十数年前まで日本が「敵国」であったことに何のこだわりもなく、子供の友人として自然に受け入れてくれることがとても嬉しくて、アメリカはいい国だなと親近感を持ちました。

その後、いろいろな所に赴任しましたが、一番長かったのはニューヨークです。前後二回、併せて六年にわたって国連代表部に勤務しました。

「人種のモザイク」NYの活気

ニューヨークは人種の坩堝とよく言われますが、私にはむしろモザイクのように思われます。狭いマンハッタンの中でさえ、チャイナ・タウン、リトル・イタリー、ジャーマン・タウンをはじめ、いくつかのエスニック社会があるし、五番街ではそれぞれの出身国にちなんだパレードがしょっちゅう見られる。人々は華やかな民族衣装に身を包み、誇らしげに行進するのです。でも、同時に星条旗の下に英語を共通の言語として集まっている。

多様な文化の混在と異文化間の摩擦から生ずるエネルギーが、ニューヨークを大変魅力あるものにしているように思えます。このような街に国連本部があるのも、特別な意義があると思います。

価値観は違っても同じ人間

現在の私の仕事は、日本人の海外発展に伴う諸問題と、それと対をなす外国人の受け入れに係わるものです。国境を越えた人の交流、つまり個人レベルの国際交流に深く係わっているといえるでしょう。

国際交流の担い手は、国、企業、文化団体など様々ですが、それぞれのレベルでおつきあいのルールがほぼ確立されていると思います。しかし、個人のレベルではどうでしょうか。海外で日本人が巻き込まれるトラブル、日本人が原因となって生ずる摩擦、あるいは日本に来た外国人が出会う様々な困難などを見聞きするたびに、個人のレベルでこそ国際交流のルールが必要であると思えてなりません。

それは、相手が自分と異なる文化、価値観を持つことを認め尊重すること、同時に違うところよりも共通するところ方が遙かに大きい同じ人間として認め合うこと、そして相手の立場に立って考えること、いわば「隣人愛」とでもいえるものではないでしょうか。

今は、国際交流なんて言わなくても人がどんどん交流していく時代。これからは、外国から日本に入って来る人たちをどう受け入れていくかが大きな課題だと思います。異質の文化を持った人たちを日本社会が隣人愛をもって受け入れる。そういう土壌を作っていくことが、今こそ必要なのです。

一九五八年、東大教養学部卒。同年外務省に入省。在フィリピン、在マレーシア大使館などを経て、七四年、海洋法会議本部室長。その後、領事移住部領事第二課長、情報文化局文化第一課長、オランダ、国連代表部公使などを歴任。現在は領事移住部長として、「人の国際化」に関する環境整備に努める。

豆剣士二万人を海外へ

（昭和六十三年十二月号）

東京久明館道場 館長
久保《くぼ》 昭《あきら》

日本全国で二千ほどの剣道場がありますが、外国人を受け入れて海外交流をしているのはおそらく私の道場だけでしょう。

でも皮肉なことに、昔私が剣道から逃げ出そうとしたことが、こうした国際交流のきっかけになっているのです。

父が警視庁の剣道師範で、五歳の時から剣道をやらされました。しかし剣道はどうも封建的というか古臭い。父が道場を建て、長男の私に後継者の期待をかけたのですが、それに反発して高校二年で剣道を止め家を出ました。

一年間オーストラリアへ、いったん帰って来て、今度はアメリカへ。そこに六年いたのですが、父が亡くなって帰国しました。そして母と道場のことを相談したら、せっかく志を持って海外へ行ったのだから、あと四、五年は自由にしていいということになった。そこでシベリア鉄道でヨーロッパを一ヵ月回ってアメリカへ帰る途中、今度は母が急に亡くなったのです。その時私は、外国との縁を切ると決心して、帰って来ました。

参考になる外国人の剣道観

父、母の遺志を継ぎ道場主となり、剣道の教育とは何だと真剣に考えるようになった。昔の武士、勝海舟とか福沢諭吉とかをみても、大体幼少の頃に血のにじむような稽古をして体力と精神力を養い、十六、十七歳で剣を捨てている。そして外国に行って異文化を吸収し、国のために働くようになります。

ところが今の剣道は、競技や段に走っていて、どうも納得がいかない。祖先がそういう気持ちで私たちに剣道を残したはずはない。剣道を通じて自分自身を知り、幅の広い人間になる、剣道の目的はそこにあると思います。これは広い視点をもった国際人の育成にもつながるのではないでしょうか。

外国に七、八年いたから、外国の友人が日本に来たり、国際剣道連盟や全日本剣道連盟が外国からの問い合わせをこちらに回してくるものですから、十八年間ずっとそれを引き受けて、外国人の世話をしてきました。

彼らが国へ帰ると、「今度は久明館からも是非私の国へ来てくれ」と招かれることになります。十年以上前からこうした交流をしてきたのですが、大きな使節団となったのは、一九八三年に四十人を連れてイタリアからポーランド、ソ連などを二十数日間旅行した時以来です。以後ますます交流が盛んになってきて、この十八年間で延べ約千人を海外へ連れて行きました。

外国人は剣道についてこう言います。剣道は体力的に衰えてからもできるし、しかも奥が深く一生エンジョイできる。人間の生きる哲理を教えるスポーツでこれほどのものはない。彼らはまず日本の本を読み歴史を勉強する。そして日本の文化の素晴らしさ、日本人のエネルギーの偉大さを、剣道に結びつけるわけです。戦後どうして日本人はこのように発展したのか、それは剣道の精神だと言います。その精神の表れのひとつは、物事をきちんとやることですね。むしろ私たち日本人が見失っていることを外国人剣士より教えられ、反省させられます。

外国の子供も招きたい

これまで子供を連れて何回も海外へ行きましたが、剣道という素晴らしい文化を紹介し、外国の素晴らしい文化を受け入れるだけの大きな心を持って何でも勉強してくることを目標にし、必ずホームステイをしてその国の人たちと接してくることにしています。

実際、海外に行った子供たちは大きく変わります。驚きが彼らの作文に表れている。日頃、道場訓を英語で唱和していますが、海外へ行く前は半年ぐらいかけて現地の言葉で日常会話をみっちりやる。そうすると自分が覚えたことが役に立つので非常に喜ぶ。

私の目標、それは私の生きている間に一万人の子供たちを海外に連れていって剣道を外国に紹介することです。と同時に外国の子供たちを日本に連れてきたい。こうした交流を経験した子供が大きくなると、きっとこの経験が生きてくるでしょう。剣道を通した国際交流、これが私の天職であると思っています。

一九四四年、東京生まれ。東京都剣道道場連盟事務局長。七一年から青少年を引率し、これまで二十数回の剣道海外研修を実施、また八百人以上の外国人剣道愛好家を受け入れ、剣道、居合道、杖道、生活指導を行う。年間五十人前後の外国人が道場に宿泊する。八五年、国際少年剣道海外交流協会を設立し、事務局長を務める。

「二十一世紀の日本」を探る共同研究を

（平成元年二月号）

英国国立シェフィールド大学 日本研究所所長　グレン・フック

日本の「外なる国際化」はだいぶ進んできたのですが、今は「内なる国際化」が課題。たとえば私が来日した十四年前には、海外に出て英語を話し、ビジネスができるのが国際人でした。現在の問題は、次の時代の日本の姿はどういうものかということでしょう。

二十一世紀に向かって日本の役割は何であるか、そこが重要です。国際化は、人、物、情報の三つに分けて考えられます。物は貿易の問題ですから別として、人と情報を考えてみると、海外に行った場合、第三世界であろうが、イギリス、アメリカ、またソ連、中国であろうと現地の人との交流が大切だと思います。団体旅行で外国に行って、ただお金を落として帰ってくる、これは国際化の現象であっても、国際交流の現象とは言えないでしょう。

私が日本に関心を持ったのも、たまたまカナダの大学に留学している時に日本人に会ったことに始まります。日本人と巡り合い自然に関心が生まれ、日本の勉強を始めたのです。こういう形で日本に対して自然と興味を持つ人々が増えている。これが自然な外なる国際交流だと思う。

日本の現実が見えていない

外に出ている日本の情報と、外に出ている日本の現実の姿との間には非常に大きなギャップがあります。おそらくイギリスとかヨーロッパでは、日本のウエイトがかなり大きくなってから初めて日本の存在に気がついた。

これは情報の質の問題です。日本の現実を正確に伝える情報が乏しい。あるいは、情報はあっても外国人がその情報を掴んでいないと言ってもいい。ひとつの支配的論調があって、その中にある日本のイメージとか情報なら掴みやすいが、現実の日本はその枠から出てしまっている。

その逆も言える。日本が実際にどれだけ海外に出ていっているかということについて、日本にいる日本人は未だに十分に把握していないと思います。

だから今のように国際化が流行語になってしまう。つまり現実はすでにあって、意識が後れているから「国際化」という言葉でキャッチアップしようとするわけです。

厳しい人こそ本当の親日派

そこで、意識を変えていかなくてはならない。現代はテクノロジーの時代ですから、たとえばコンピュータを利用しても国際交流ができる。姉妹都市の間で市民と学生が簡単でもいいからメッセージを送り合うのもいい。

また、長期留学や共同研究をするのもいい。私がシェフィールド大学日本研究所で一番やりたいのは、日本の国際関係論などについて日本人とヨーロッパ人が共同して日本語で研究することです。またイギリス人と日本人が、イギリス社会やヨーロッパ社会について、今度は英語で一緒に勉強する。

これまでイギリスでは、あるひと握りの人たちが日本とのパイプ役を果たしてきましたが、これからは共同研究などを通じてより多くの人たちが日本とのつながりを強めていくべきです。

シェフィールド大学日本研究所としての研究課題は三つあります。第一に比較視点からみた日本の国際化、第二にアジア太平洋における広い意味での安全保障問題、第三に日本にとってのヨーロッパの統合。

一九九二年にヨーロッパ市場が統合されることになっていますが、その後大国意識が昂揚するようなことがあると危険です。その時には学者や一般の市民といった、いわゆる市民レベルでの国際交流が必要ではないか。そこで意識が盛り上がれば、いい意味での国際国家、いい意味での国際民衆を形成することにつながると期待しています。

日本を知る外国人はこれからどんどん増える。しかし、親日派の意味は今まで誤解されてきた。日本を好きだからこそ厳しく、正しく言ってくれる人が、本当の親日派。日本のいいところだけでなく悪いところも率直に、できるだけ多くの人に向けて語っていくべきでしょう。私もこの意味での親日派として、これからも日本をみつめていきたいと思っています。

一九四九年、イギリスのシェフィールドで生まれる。カナダのブリティッシュ・コロンビア大学で修士を取得後、文部省の国費留学生として十四年前に来日。岡山大学などで教鞭をとり、国際関係を中心に多数の著書や論文がある。八八年十月、シェフィールド大学の日本研究所所長に就任した。

1990
年代

杉 良太郎
塩津 哲生
池田 百合子
オスマン・サンコン
中野 良子
海老名 香葉子

岡本 行夫
サムエル・M・シェパード
ジョン・海山・ネプチューン
丹下 健三
曽野 綾子
天満 敦子

地球人としてチャリティー活動を

（平成二年十二月号）

俳優・歌手　杉《すぎ》良《りょう》太郎《たろう》

よく、「なぜチャリティーを」と聞かれるのですが、そのたびに私は「あなたは苦しんでいる人たちのいる場所を訪ねたことがありますか」と聞き返すことにしています。なぜなら、一度でも行ったことがあれば私の気持ちがわかるはずだからです。ちょっとした思いやり、小さな愛で少なからぬ人が救われることを思えば、私は自分のしていることは人間としてごく自然なこと、日常の営みと言う以外にありません。

同じように、「なぜ海外なのですか」と聞かれるたびに索莫たる思いを禁じえません。今や経済戦争という表現がおかしくないくらい諸外国との貿易摩擦が激しくなり、日本は孤立しかけています。日一日と地球が狭くなりつつある今日、経済大国となった日本がしなければならないことはたくさんあるのでは、と私は思っています。

「ユネスコ特使」は汗するポスト

今年は国連総会で決められた「国際識字年」ですが、聞けば世界の総人口の三分の一近くは文字を解せず、しかもその大半がアジアに集中しているとのことです。豊かに繁栄する我が国の近くで、多くの隣人たちが必死の思いで文字を勉強しているのを知って、私は識字運動に参加しようと心に決めました。そして今年の三月、日本ユネスコ協会連盟の民間特使として、タイ、バングラデシュ、ベトナムの三ヵ国を訪問してまいりました。

タイではチョンブリで開かれた「国際識字サミット」に出席しましたが、その席上、フェデリコ・マヨール・ユネスコ本部事務総長から「ユネスコ名誉大使」に任命する旨の伝達を受けました。けれども私は名誉が欲しくて協力しているのではないので、もっと実質的な、一人でも多くの人を支援できる活動の場の方が私に向いているからと言って辞退しました。マヨール氏はその言葉にいたく感動され、「名誉大使」を取り下げるとすぐに今度は「ユネスコ特使」に任命したいと伝達がありました。これは名誉職ではなく、運動の最先端で活動するポストで、ユネスコの歴史に前例のない世界初の役職なので、私は喜んで拝命しました。

バングラデシュでは識字教室建設のために各地を回りました。旧ダッカ市街のマザー・テレサの運営する孤児院も訪ねましたが、両親に両足を切断された幼児に会った時は本当に言葉を失いました。なんでも、子供が物乞いをして生きていけるようにとの親心だということでしたが、今の日本との落差のあまりの大きさに、この問題には腰を据えてかからねばならないと思いました。それから私は貰われていく子供たちの写真を撮ってあげたいというシスターの言葉を耳にして、持参のカメラと心ばかりの寄付金に「心から心へ」と書き添えて贈りました。

常に「異文化の理解」を心掛けて

ベトナムは以前東南アジア公演の時に一度行っているので、旧知の文化省関係者が温かく迎えてくれました。一年ぶりのハノイは大きく変わっていて、町並みはとてもきれいでした。着いてすぐチャン・バン・ファク文化相を訪ね、「昨年ドー・ム・オイ首相と約束した日越文化交流協会設立のためにまた来ました」と挨拶をしました。文化相もこの問題には大変熱心なので、おそらく準備委員会を経て近々正式発表になるものと思います。

私は「国際交流」と大上段に構えるよりも、文化交流を骨子とした「異文化の理解」を自分のテーマにしています。私が思うのに、世界の紛争の多くは異文化の主張のし過ぎが原因なのではないでしょうか。異文化の理解が一朝にしてできるわけもありませんが、一日本人の必死懸命の心を通して日本という国に対する理解が少しでも深まればと願っています。そして地球号に乗ったそれぞれの国の人々が、少しずつ互いに遠慮しあったらと願うのは、夢なのでしょうか。

本名、山田勝啓。一九四四年八月兵庫県神戸市生まれ。六五年に歌手・俳優としてデビュー以後、舞台やテレビで活躍。八一年芸術祭優秀賞受賞。その傍ら国内外で精力的にチャリティー活動を実践している。

日本の心と美を伝える能

（平成四年二月号）

喜多流能楽師

塩津《しおつ》 哲生《あきお》

現在、外国の方の日本の文化に対する興味や関心が深まり、多様になってきているのは大変嬉しいことですね。国立能楽堂では外国人のための能楽教室が開かれるようになりましたし、外国の大学へも能の議演やデモンストレーションに出かけるようになり、実際に謡《うたい》や仕《し》舞《まい》、お囃子《はやし》の稽古をなさる方も年々増えてきています。謡や仕舞をものにするには相当時間を要するようですが、囃子のリズムはスムーズに受け入れ易いようで、笛や太鼓では日本人顔負けのレベルまで勉強していらっしゃる方もいます。熱心な稽古ぶりには私どもも舌を巻くほどです。

外国人の感性に響く能の精神性

私自身、外国の方々にも直接能を見ていただきたいと思い、機会があればいつも喜んでご協力しております。また母国で能の公演を実現させたいと情熱を注ぐ方々のお誘いで、ここ数年間は年に一度、主にヨーロッパですが、海外公演も行っております。

演じる前に簡単な説明をいたしますが、演能の筋書きよりも、能という伝統芸能の枠組みだけをざっとお話しします。頭で理解しようとするのではなく、白紙のままの自然な状態で見ていただきたいというのが私の考え方です。

能は見ていただく舞台芸術ですから、磨き抜かれた技術が根底になければいけません。しかし技術があっても、そこに魂が欠如していたら、これほど退屈でつまらないものもありません。大事なことは演者の芸を披露して見せることでなく、幽玄な世界を描き切ることです。そのために演じる者は面《おもて》をかけて自分の表情を殺し、所作にしても舞台の装置にしても余計なものはすべて排除して切り詰めていく。舞台ではほとんど動いていないかのように見せる時ほど、演じている者の内に秘めた心の燃焼度は高いのです。

そして意外なようですが、こうしたぎりぎりのところで演じている能の精神性を、外国の方は非常に感覚的に鋭くとらえて、すっとその世界に素直に入り込んで来てくださいます。演能も見た日が派手で分かり易いものよりも、『隅田川』のように日本では通好みといわれる幽玄性の高いものの方が好評なようです。

観客の気迫に感激した初公演

海外では、見に来てくださる方の気迫にすごいものがあります。初の海外公演だったドイツのハイデルベルグでは、幕が揚がった瞬間、会場のぴーんと張り詰めた緊張感が伝わってきて一瞬足が止まりそうになったほどでした。これは今でも忘れられません。さっきまでTシャツ姿で手伝っていたスタッフも、いつの間にかタキシードに着替えて見てくれて。まさに舞台に立つ者と見る者との真剣勝負で舞台に厚みが出ることを教えられました。

こうした観客の気迫を日本ではなかなか感じられないのは何とも寂しいことです。その責任の一部はもちろん私どもにあるとは思うのですが、どうも能が退屈で難解なものという先入観が日本では浸透していて、まず頭で考えて敬遠してしまい、心で感じることが疎かになっているように思えてならないのです。

海外で教えられた能の心

私は今、能が世界に誇れる日本の文化となるためには、外国の方以上に日本の方に能の理解を深めてもらうために努力をしなければと考えています。世界に通じる普遍性を持つこの日本独特の伝統芸能を、日本の方、特にこれから世界へ出ていかれる若い方々にもっと深く知っていただきたいと思うのです。

つまらなくて、眠くて、もう見たくないと思っていても、肌で、心で感じていただければ、その奥まで響く、魂に触れる一瞬の光に遭遇する瞬間が必ず訪れるはずです。そのために演者は、どんな方に対しても、それがたった一人の観客でも常に魂を込めて最高の舞をお見せし、精進していくのです。

私はこうした能の心を外国の方々から教えてもらったように思います。

一九四五年、熊本生まれ。五歳で初舞台を踏み、十四歳で十五世宗家喜多実に入門。七一年に独立。流儀の中心的存在として全国で精力的な活動のかたわら、国立能楽堂の主任講師など後進の指導・育成にも努める。

まず日本人としての礼儀から

（平成四年三月号）

早稲田大学国際部副部長　池田《いけだ》 百合子《ゆりこ》

私が教壇に立っている早稲田大学の国際部では、海外の協定校から選ばれた学生を一年間預かって日本の歴史、政治、経済、文化を教えており、その数は毎年百名を越しています。この制度ができたのは一九六三年。日本か東洋の文化を専門とする人をスタッフにという方針から東洋美術を専攻していた私が参加することになり、かれこれ三十年も国際部とともに歩んできました。

日本文化への総合的な理解を

国際部に来る留学生を見ていると、以前は日本の伝統文化に偏っていた彼らの関心も、時代とともに国際的な政治経済関係やビジネス、日本の教育制度などにも目が向いてきています。とはいえ、そうした留学生も日本の伝統的な文化や芸能に関心があることは変わりませんので、関西旅行や歌舞伎・相撲見学などの課外活動は彼らの楽しみな行事です。

ただ、いつも彼らに話すのは、日本文化の特徴は「ワビ・サビ、ゼン」でひとくくりにできるものではないということです。日本には藤原貴族の雅な文化、桃山時代の華やかな文化、江戸町人の「粋」な文化などがあります。それぞれの時代にそれぞれの社会が生んだ文化があることを踏まえたうえで日本独特の美意識や文化の創造があったことを理解してほしいと思います。

国際人の基本とは

日本人にとって海外での経験が印象深いように、留学生にとっても日本での一つひとつの出来事はかけがえのないものです。しかし、それが取り返しのつかない悲しい経験となることがあります。

例えば課外活動の関西旅行では、修学旅行中の日本の中学・高校生とよく出会います。お互いのグループが一緒に写真を撮り合うのも思い出になるでしょう。しかし、有色人種や身障者の留学生だけをあからさまに避けたり、侮蔑的な言葉を投げたりで、あまりのことに半ベソをかく女生徒にどんな言い訳や慰めを言えばいいのでしょう。しかもこんなことが度々あるのです。

これは国際教育云々ではなく、人間として基本的な問題です。日本の礼儀作法の美しい形の背後にある、相手に対する心配りこそ国際感覚の第一歩ではないでしょうか。また自らの文化が身についてこそ、本当の相互理解も可能になると思います。

「異文化理解」というと何か特別なことのように思っている人もいますが、私は日本人としてきちんとしたマナーと品位が身についていれば、それが即世界に通用すると信じています。早稲田からは毎年およそ五十名の学生が各学部から選抜され、国際部を通して海外の協定校に留学しているので、彼らへのオリエンテーションを行いますが、その時私が何より厳しく注意するのが礼儀作法です。

礼儀作法と聞くと若い人はまたうるさいことを、と思うかもしれませんが、これはどの国にもあって、社会をスムーズに動かすために長い間かかって培われた人々の知恵なのです。長年の経験から言って、日本で礼儀に敏感な人は、外国でも相手の作法や慣習によく注意を払いますから礼を失することがありません。そしてこれも経験からですが、日本語で敬語がしっかり使える学生は留学しても恥ずかしくない英語を身につけて帰ってきます。案外根は同じなのではないでしょうか。

互いの違いを楽しむ余裕を

以前、米国留学を終えた日本の学生と日本に来た米国の留学生に、それぞれの留学先の学生の印象を尋ねてみました。すると期せずして双方が「チャイルディッシュ」と答えたのです。「日本人は二十歳過ぎても自己主張ができない」「米国人はいい年をして自分の主張ばかりを通そうとする」というのがその理由なのですからおもしろいものです。

相手を思いやることのできる大人であれば、こんな違いも余裕をもって楽しめ、友達を増やしていけることと思います。

一九三三年、英国オックスフォード生まれ。早稲田大学卒。六〇年から二年間インド留学。米国サンフランシスコ・デ・ヤング美術館客員研究員、サンフランシスコ州立大学交換教授などを経て現職へ。

日本とギニアの掛け橋に

（平成五年七月号）

日本ギニア友好協会 広報官　オスマン・サンコン

僕は、今、こうして日本にいることを「運命」だと思っています。自分でも思いもよらなかった国と関わることになったのですから。

二十歳の時にギニア政府の公務員試験に合格した僕は、労働大臣秘書を経て外務省に入りました。当時、ギニアと縁が深かったのは前宗主国のフランスであり、公用語もフランス語。エリート役人を自負していた僕も「国外に出るならフランス」と信じて疑いませんでした。その頃、日本にギニア大使館を開設する計画が進んでいるのは知っていましたが、外相に呼ばれて「日本に行ってくれ」と言われた時の驚きといったら……。僕が、日本についてはほとんど何も知らないまま来日したのは、一九七二年の暮れのことです。

苦労は自分との戦い

日本を好きになるまでには大変な努力がいりました。予備知識のない「東洋」は想像以上に別世界だったのです。

もちろん、最大の難関は言葉でした。日仏学院で「イチ、ニ、サン」から勉強し始めた日本語は、少しわかるようになるまでが本当に辛かった。その頃流行していた山口百恵さんの曲がギニアのメロディーにそっくりで、聞く度にホームシックになって困りました。

そんな時心の支えになったのが、ギニアを出る時繰り返し言われた母の言葉でした。母はこう言いました。「どんな苦労があっても自分と自分との戦い。人のせい、社会のせいにしないで自分で考えて乗り越えなさい」と。

目の前がパッと明るくなったのは、来日して三年目の頃でした。日本語がわかりだしたのです。街の人の言葉がわかる。自分の話すことが通じる……。経験のある人はわかるでしょうが、新しい言業を覚えつつある時の嬉しさです。この経験から言うと、国際交流の土台は何と言っても言葉だと確信しています。

苦労して身につけた日本語が宝

一等書記官として八年間日本で働いた後、ワシントン勤務を経て本国に戻り、以前、東京で知り合った妻と結婚しました。ギニアでは、初めて日本人と結婚したギニア人ということで、ニエースにもなったんです。妻が、日本で出産することになって、一九八四年に外務省を休職し、再来日したんです。

僕が初めて来日した頃にくらべると、ギニアと日本の関係はずいぶん深くなりました。現在、僕はギニア日本友好協会の広報官をしていますが、苦労して身に付けた僕の日本語は重宝されているようです。嬉しいことに本国も「サンコン、君は日本にいて日本とギニアの協力関係を手助けしなさい」と言ってくれます。僕も、ここまで日本と仲良しになれたんだから、日本とギニアの橋渡しをする〝コミュニケーター〟としての道を進もうと決心しました。テレビのオーディションを受けたのもそのためです。

広い世界にもっと目を向けて

日本で気持ち良く暮らすために一番大切にしているのは、ご近所との付き合い—多くの人と触れ合うことです。僕は、近所の中落合商店街の夏祭りではゆかた姿で踊りますし、ギニアに里帰りした時は、おみやげを近所に配ります。在日ギニア人にいつも言うことは「郷に入れば郷に従え」という日本のことわざです。

ギニアにも「良い隣人は遠くの親戚より大切」という言葉があります。外国で暮らしたことのある日本人も、きっとこの言葉には賛成してくれるでしょう。

僕が好きな日本の言葉は「義理と人情」です。イーデス・ハンソンさんも言うように、人情のあるなしはお国柄の問題ではなく、個人の問題です。いい隣人がいれば、自然と人情が生まれるんです。

二十年前にくらべると、日本人にとって外国はずいぶん身近なものになったと思います。

でも世界は自分たちが知っているよりもずっと広いんです。その広い世界に、日本人はもっともっと興味を持ってほしいというのが僕の願いです。

一九四九年、ギニア共和国生まれ。七二年に駐日ギニア大使館開設のため来日。アメリカ勤務などを経て再来日。現在日本ギニア友好協会広報官、ギニア大使館顧問、タレント。著書に『大地の教え』『視力6・0が見たニッポン』など。

心を結び合う仕事は私の運命です（平成七年三月号）

WILL国際文化交流センター主宰・俳優　中野《なかの》 良子《りょうこ》

中国から第一回日中映画祭への予期せぬ招待をいただいたのは一九七九年のことでした。中国で日本の映画がヒットし、特に大人気の『追捕《ついほう》』にはもう三億人の人が映画館に押し寄せているというのです。日本名『君よ憤怒《ふんぬ》の河を渉《わた》れ』のこの映画で、私はヒロインの真由美を演じていました。

映画は無実の罪の人を救う物語です。文化大革命の傷がまだ癒え切らぬ中国では、人が人を信じることの難しさを感じ、それを乗り越えつつある時期でした。この映画の、ことに「信じるために命をかけた」真由美の生き方に中国の人たちは共感を寄せたのです。彼らは主題歌を歌い、お気に入りのセリフを憶え、私が映画でかぶった帽子が流行し「真由美」の名のついた美容セットが売られていました。

「幸せな交流」を決意しました

当時日中国交正常化からすでに七年、しかし、日本では中国のニュースは十分に登場しません。日本人は欧米の文化に強く魅かれていたのです。

海の見える街に生まれ育った私が、その先に続く「世界」を意識しだしたのは十歳の頃でしょう。でも私の旅もずっと欧米でした。近くて遠かった大国─中国、その国のこんなに多くの人が、私の映画を感動をもって見てくれていた。私はその喜びと複雑な気持ちを抱いて訪中したのでした。

熱烈な歓迎でした。少し照れながら「我是真由美」と挨拶した私の胸に嵐のような喜びが溢れました。これを機に、私は日中友好の活動を重ねていき、そしてある日、大虐殺のフィルムを見せられました。自国でなく中国の人に知らされたことで、私のショックは余計に大きかったと思います。「よし、今に私はこの正反対のフィルムをつくるのだ。幸せな交流を生みだしていこう。」俳優業とは別に、国際交流に身を置くことをより強く意識したのはこの時です。以後も中国と日本で各種の日中文化交流事業に参加、あるいは主催し、今日まで友好を深めてきました。私の訪中は今日までで二十五回近くになり、その間『追捕』を見た人は八億人にもなっていました。

「間《あいだ》」を大切にしていこう

私の交流は欧米にも広がっていきました。そんな長年の経験からですが、日本人にとり外国人とのつきあいが苦手であるとは決して思いません。国際性が眠っているのです。公の場で意見を明確に表現し、行動に移すことに慣れていないだけなのです。私は外国の人にこう言います。「つきあいは辛抱強くお願いします。日本人は用心深く失敗を恐れるのです。この国では万事ゆっくりなのです。その後に親しみと信頼が生まれ、得難い友になるはずです。」その点、大陸に住む人ははっきりと意見を言い、チャンスに反応します。日本の人にはこう言います。「失敗を恐れぬフランクな彼らには、勇気をもって本音を明るく言いましょう。」

文化の出会いには「間」があります。お互い、その「間」をおろそかにして国際交流はなりえません。

日本にも外国の方が増え、一人ひとりのコミュニケーションの場が急増しています。近くの外国人をお茶に誘ってください。阪神大震災の話をしてください。お互いの生活の楽しいこと、悩みを話してください。きっと互いに感動することがあります。その感動に忠実であることです。私もそうして多くの感動を彼らと分かち合ったのです。

日本の魅力を掘り起こそう

いま「日本列島パフォーマンス大会」を考えています。世界中から審査員を募集し、全国の日本人が「貴方は日本の魅力をどう表現しますか」のテーマで競演するのです。それはきっと外国でも通用する日本の魅力でしょう。

テニスでいえば、真由美の映画が私たち映画人の打ったボールでした。その球は躍動して私にもはね返ってきました。私はまたキチンと返さなければなりません。私のような運命に出会った人はそういないでしょう。世界の友好に、互いの文化の「間」をつめる役割を、手を貸してくれる仲間と共に担い続けます。私たちは、今年は中国・秦皇島《しんのうとう》に小学校を一つつくります。

一九五〇年、愛知県生まれ。常滑高卒。大映演技研究所にて研修。三船プロ『大忠臣蔵』でデビュー。以後ＮＨＫテレビ『天下御免』など多くの映画・テレビで活躍。映画『君よ……』の真由美役では中国で爆発的な人気を博す。以来日中文化交流に、また世界各地で国際交流をテーマに幅広い文化活動を展開中。ＷＩＬＬ国際文化交流センターを主宰。

世界中の戦災孤児を励ましたい

（平成七年十一月号）

エッセイスト　海老名《えびな》 香葉子《かよこ》

以前、私の三冊目の本『うしろの正面だあれ』が映画化されるにあたり、カンボジア語の字幕ができれば、向こうの子供たちにも楽しんでもらえると思い、ある援助団体のところへ翻訳の相談に伺ったことがありました。ところが先方は救援物資の手配やらで、こちらがたじろくほど忙しくしていました。カンボジアが混乱の最中だったんですね。そのとき、反省しました。自分が良かれと思ってしようとしていることでも、第一線で頑張っている人の足を引っ張ることになりかねないと。以来、私にできる支援の仕方はないか模索してきました。

自らの体験を次代へと伝える

『うしろの正面だあれ』は、一九四五年の東京大空襲で祖母、両親、兄弟の合わせて家族六人を、一度になくして戦災孤児になった私の体験を書いたものです。ええ、今もって遺骨の行方も分かっていません。ですから、終戦の翌年から四十九年間、毎年三月十日になると、生まれ育った下町を歩いて、決めた場所で手を合わせています。子供が生まれれば子と共に、孫ができれば子や孫と一緒に同じ道を歩いて、当時の話を聞かせているんです。

この本を読んでくれた子供たちから「偉いね、よく頑張ったね。その後、一人でどうやって生きてこられたの」という手紙をたくさんもらいました。その反響が刺激になって、かつての私と同じ境遇にある子供を励ましたいと思い、五年前からパレスチナ人の女の子の里親になりました。何年か経って、その子が手紙に「ママがいました」と書いてきましてね。その時は自分のことのように喜びました。

でも世界に目をやれば、泣き暮らしている孤児たちが大勢います。それを考えると、すぐにでも行って励ましたいと思うんです。「十歳のとき、私は一人ぼっちになったけど、こうして家族を持つことができました。これまで生きてきて、本当によかったと思う。だから、みんなも力強く生きてね」と言いたいんです。そして子供たちに必要なものは何かを自分で見極めた上で、何らかの支援をしたい。本来なら今頃、パレスチナへ行っている予定でしたが、頓挫してしまいました。でも、状況が整い次第、向こうへ行きたいと思っているんです。

外国での人々との触れ合い

これまでいろいろな国を訪れましたが、その昔、香港のスラムで抗日的な男性からいきなり怒鳴られたことがありました。めげずに通訳を介して「私も戦争でこんなに辛い思いをしたの」と説明していたら、それを聞いていた地元のおばあさんが、「何も心配しなくていいよ。

お互い苦労した仲間なんだから」と言ってくれ、最後はその家に招かれました。そんな風に、どこの国へ行っても、心底から話せば必ず分かり合えると信じています。

終始、戦争の話になってしまいますが、五、六年前、ニューヨークで八月十五日を迎えたことがありました。そのとき立ち寄った店に新聞を広げている紳士がいて、大戦の記事を読んでいたんです。娘が話しかけたら、その方はパールハーバーで負傷されたことが分かりました。で、私もその戦争で孤児になったと伝えると、彼は帽子を胸にしあいさつして下さったのです。アメリカ憎しと思ったことがなかったとはいえないだけに、そのときあらためて加害者被害者うんぬんをいう前に、とにかく戦争がいけないとの思いを深くしました。

子供たちの幸せを願って

日本も豊かになりましたが、自分の過去を振り返ると今これでいいのかと思うことは多々あります。テレビの仕事とはいえ、途上国の高級ホテルで宮廷料理を食べる際、窓外に岸辺で暮らす貧しい人々の様子を見、私もああやって生きていたんだと思い、やりきれなくなる。番組だからといって割り切れないんです。

これからも、自分なりのやり方で、平和の尊さを伝えていきたい。世界中の孤児たちには、強く生きて幸せになってほしいと願うばかりです。

一九三三年、東京生まれ。八〇年の、夫で噺家の林家三平氏の死後は三十名の弟子を支え、マスコミで活躍。『ことしの牡丹はよい牡丹』他著書多数。九一年『うしろの正面だあれ』が映画化。他に、数編が高校や大学の教科書に採用される。東京都「平和の日」委員。

虚栄を追い求めず、等身大で

（平成七年十二月号）

外交評論家　岡本《おかもと》 行夫《ゆきお》

現在は日本企業の海外展開についての助言を差し上げたり、外国の経営事情などの情報を提供することを主な仕事にしております。以前は外務省におりました。官から民へと立場は変わりましたが、仕事の内容は驚くほど似ています。つまり、国の立場で仕事をしても、どこに利益を帰属させるかといえば、国民であり企業であり民間なんですね。ですから、目的とすることはほとんど同じではないかと。もっといえば、前はマクロのレベルだったのが、今はミクロのレベルからやっているということになりましょうか。

固有の事情の背景を理解する

海外の動向に関心をもつ企業が多くなりましたが、やはり、最新情報、例えば、技術革新がどちらの方向に行こうとしているのか、企業経営で一般化しつつあることは何かといった情報の中から、時代の流れをつかむことがポイントになります。また、これまでの傾向から見て、社会風土に根ざす相手国の特徴などを知っておくことも大事です。制度的な違いにしても、各国固有の事情がありますから。

制度といえば、日本の「談合」ですが、元々の発想は、強者がすべてを独占しないように、契約を他の構成員にも分配しようとしたもので、日本社会特有のシステムでしょう。経済政策的には市場のメカニズムを妨げるものですが、一方では社会福祉的な互助会のような役割も果たしている。断っておきますが、別に談合を弁護しているわけではないんです。でも、腐敗だからやめるべきだといった、倫理上の問題で外国人から追及されるような話ではないと思う。要は、日本の側からすれば、そういった社会的な背景も向こうに見てもらわなければいけないということです。もちろん、他国に対しては、相手の事情を予断なく受け止めて思いやる心が大切になるのはいうまでもありません。

国際常識を踏まえて

外国人との交流を考えると、互いの波長をできるかぎり合わせることが必要になると思います。そのためには、互いの接点を見出す努力はもとより、一つの物事に対する考え方の潮流を捉えていかなければなりません。別の言い方をすれば、思いやりや謙虚さといった、人間としての根本的なマナーの上に、さらに国際常識を踏まえて行動するということです。

卑近な例を挙げれば、とんでもなく高価なバッグを買っている若い人がいますが、海外ではそれだけの収入がある人だと思うから、ポーターは先を争って荷物を運びにきます。そんな時、チップを惜しんだりすれば、ナンダこの日本人はということになる。つまり、月給の二倍もするようなバッグを持つことは、向こうの常識では考えられないことなんです。そこそこの可処分所得の範囲内でやることだと考えていますから。こうした感覚のズレから誤解が生じる。要するに、虚栄を追い求めないことです。国際交流では、この点を特に注意した方がいいと思います。

人間は根幹では皆同じ

役所時代を振り返ってみれば、日米関係をはじめ、本当にやりがいのある仕事に恵まれていたと思います。私の場合、世界情勢に関心があり、自分で歴史を作る場面に参加したくて入省したんですが、息子でもいたらやはり外務省に入ることを勧めるでしょうね。

思えば、研修を受けている際に、先生から日本の外貨準備高はいくらかと聞かれて、三十億ドルと答えたのは二十六年前のことです。それも今や千億ドルを超え、GNPもその間に十倍近い経済成長を遂げている。世界が注目するのは当然だし、日本を見る目も厳しくなっています。それだけに、日本はこれまでの来し方を総点検し、より一層、世界の動向をしっかり見極めながら、さらなる意識転換をはかっていく必要があると思います。

いずれにしても、人間は根幹では皆同じだと思う。ですから、文化や風土は異なっても、根っこにある、人間としての基本的なルールを体得しておくことが国際人として最も大切な要件になるんではないでしょうか。

一九四五年、神奈川県生まれ。六八年、一橋大学経済学部卒業後、外務省入省。本省経済局、北米局、ＯＥＣＤ日本政府代表部を経て、在米日本国大使館参事官、北米第一課長等歴任。九一年、外務省退官後、株式会社岡本アソシエイツ設立。代表取締役。著書に『さらば漂流日本』。

喜びも悲しみも共有できるのです（平成八年一月号）

日米教育委員会事務局長　サムエル・M・シェパード

今の仕事が私に決まった時、夢をみているのではないかと思いました。切っても切れない縁のある日本で、日米文化の架け橋になる大切な役目が、私に与えられるのですから。

こんなにも日本との縁が

長崎の原爆投下直前にアメリカで生まれた私は、空軍勤務の父と二歳の時に占領下の日本に来ました。熱心なクリスチャンだった父は、戦災の東京を見て「神の導きに従い」宣教師となって日本に残りました。家族は東京・立川、札幌、沖縄などを転々、私は日本の小学校にも通って、大学一年までを日本で過ごしました。

大阪万博では米国パビリオンで働き、平和部隊に加わって訪れた韓国では中学生に英語を教えました。もっと深く英語教育・言語学を勉強したいと米国でフルブライトを受けて合格、奨学生となった私は一九七三年再び来日、神奈川県教育委員会の指導主事助手として、教員対象の英語研修プログラムに携わりました。その後米国に戻りシアトルの教育団体ＡＣＥ

(American Cultural Exchange) に勤め、十七年間留学生の世話やその他国際教育関係事業の仕事をしてきました。

ACEの副会長になっていた私に昨年耳寄りな情報が届きました。日米教育委員会の新事務局長を公募するというのです。

今こそ、より重要な使命が

フルブライト制度は、長く米国上院外交委員長を務めたフルブライト上院議員が創始したアメリカと諸外国の相互留学奨励制度で、現在、約百五十ヵ国が参加しています。ことに日本からは、戦後の復興期から留学生が米国に送られ、その方たちの多くが日本を支える指導的役割を果たしてきました。事務局長はそうしたプログラムを行う日本側機関「日米教育委員会」の要です。

シアトルはよい町でACEの仕事も充実していましたが私は考えました。「フルブライトは日米関係を築いてきたリーダーを育ててきた。しかし両国間の相互理解の必要性がますます高まっている現在こそ、より重要な役割が期待されている。今こそ二つの社会、二つの文化の影響を受けてきた私の働くべき場所ではないか」

百八十人もの応募者がいました。しかし、「最後の仕事になればどんなにうれしいか」という私の願いに、運が味方してくれました。そして九四年春来日。今は、外国人はわが家族だけというマンションに住んでいます。

「違い」を受け入れることが

日本人は外国人と付き合うのが苦手だというより、慣れていないだけなのです。日本人同士、自国の文化を持つ人とは実にうまくやっているではありませんか。中にはウマが合わない人もいる。それでも「誰でもが自分と同じというわけにはいかない」と「その違い」を受け入れ、付き合っているわけです。〝異人〟は自国にもいるのです。

異人だって同じ人間、アメリカ人がうれしいことは日本人もうれしい。悲しみも共有できます。ただ文化の違いが「お互いの違いの範囲」を広くしているだけなのです。その違い、異文化を理解しようと思うことがまず第一、次に「やり方は違うが外国人も人間だ」と「違い」を受け入れることが相互理解です。人種差別などなかなか簡単ではありませんが、アメリカには異文化を受け入れてきた歴史があります。

地球はどんどん狭くなってきました。よりお互いを、異文化を知るための努力が大切になっています。とにかくコミュニケーションの機会を増やすことが大切です。現在、経済摩擦の問題に対してだけでなく日米間の相互理解の必要性はむしろ以前より高まっています。そうした状況下、両国民相互に相手国の人や生活、考え方に触れるチャンスを提供するフルブライト・プログラムの役割も変わりつつあります。アメリカ側で言えば「親日派」よりまず「知日派」を増やさなければなりません。それがこのプログラムの精神である「国家間の理解を深める」国際関係を作ることになると思うのです。

――一九四五年、米国オクラホマ州生まれ。二歳から十八歳まで日本在住。ハワイ大学修士号取得後、韓国・日本で英語教師。前職は米国・シアトルの国際教育団体ＡＣＥ副会長。

「お陰様で」の気持ちを忘れずに

（平成十年二月号）

尺八奏者　ジョン・海山《かいざん》・ネプチューン

尺八との出会いは、二十六年前ハワイ大学に在学中のことでした。民族音楽を専攻していたのですが東洋哲学にも興味があり、その両方を満足させてくれるものが東洋の伝統音楽でした。母校の試聴室にはレコードが八千枚もあって、その中でも尺八の音色に一番惹かれ、自分でも吹いてみたいと思うようになりました。たまたま尺八を教えてくれるお坊さんが現地にいたので一年ほど手ほどきを受け、卒業後は日本に渡って京都で都山《とざん》流の先生に師事、一九七七年に師範になりました。

奥の深い尺八の音色

尺八の魅力は、音色が光っていること。呼吸するほどの息で吹くので、歌と同じように温かさがあります。また、竹一本と単純な構造にもかかわらず多彩な表現を可能にしてくれます。しかも自分で作ることができる。奏者が理想的な状態に仕上げた楽器を使った時、より良い表現ができるのです。

以前、高齢者の施設で演奏した時、痴呆症で看護婦さんでさえ話すことはできないと思っていた人が、突然「ああ〜」と歌いだしたことがありました。おそらく全身全霊で音を感じ取ってくれたのでしょう。一瞬驚きましたが、私はその人の歌に合わせて吹き続けました。その時のことは、私の心に今も鮮明に焼きついています。

伝統的な尺八は、竹の節が七つあるもので、指孔が前面に四つ、背面に一つあります。元来、尺八は普化《ふけ》宗の法器で、虚無僧が吹くことも禅修行の一端でしたから、根幹には仏教思想もあります。一つの音に集中すると「一音成仏」の世界、つまり涅槃《ねはん》の境地に行けるという素晴らしい楽器です。私は長年尺八を学び、私自身も本当にそう感じますが、尺八の音に集中すれば誰でもその素晴らしい境地を味わうことができると思います。そこで、尺八の良さを広めるためにも日本、海外を問わず、演奏会ではこうした説明を加えるようにしています。

固定概念を捨てること

京都で暮らした修行時代には、何かしでかさないかとまわりの人が心配して、部屋には靴を脱いで上がるものだとか、浴槽に入る際は先に身体を洗うものだなどと、何から何まで教えてくれました。こちらが必死に学ぼうとしている気持ちは相手にも伝わります。たくさんの人々に助けられて、私は古いしきたりの多い尺八の世界に入ることができました。下宿の小さな部屋で蚊に悩まされながら過ごした日々も、正座の足のしびれも辛かったけれど、当たり前のようにやっているまわりの人たちを見て、私も頑張ろうと思いました。固定観念を捨てること、これは異国で暮らすために必要です。

私が素晴らしいと思うのは、「お陰様で」という日本語です。そもそも、人は皆自分の力で生まれたわけではありません。つまり、生かされている。そうした自らを支えるすべて、神をはじめ、森羅万象への感謝が込められている言葉は、世界に類を見ないと思います。こうした言葉からも、日本人の精神世界をうかがうことができます。尺八という伝統の世界を選んだことで、文化的な面はもちろん、精神面でも日本をより深く理解することができ、非常に良かったと思っています。

広げたい「竹の音」の世界

「竹の音」の魅力を多くの人に知ってもらいたいので、今後は竹製の楽器で演奏する六人編成のグループ、『竹竹《たけだけ》』の活動に力を注いでいくつもりです。それから、現在ウッドブーという竹の太鼓に入れ込んでいるので、打楽器奏法のレベルが高いインドに行って勉強できればと思っています。やりたいことが山積みです。

平和運動に熱心な両親が外国人留学生の支援をしていたこともあり、私の育った環境にはアジアの人々との交流がありました。それが、私が東洋に興味をもつようになった要因の一つになっているのかも知れません。そう考えると、現在の尺八奏者の自分があるのも両親のお陰。これからも、「お陰様で」の気持ちを大切にしながら、精進していこうと思っています。

一九五一年、カリフォルニア生まれ。ハワイ大学卒。在学中から尺八を学び、京都で修行した後、七七年に都山流師範となる。七九年には西ドイツ他五ヵ国で演奏。八〇年文化庁芸術祭優秀賞受賞。『バンブー・テクスチャーズ』他、作品多数。九八年一月日本コロムビアより、CD『アジアン・ビート』発売。

フィールドは地球規模、交流は自然体

（平成十年四月号）

建築家　丹下《たん げ》健三《けん ぞう》

ビルを建てたり都市をつくる仕事はダイナミックですから、建築家を目指したのも、それが好きだったからとしか言いようがありません。一九三五年に東京帝国大学の工学部建築学科に入学し、その後は同大学院へ。四六年から七四年まで母校の教授を務めるかたわら、六一年に現在の研究所を設立しました。以来五十年近く、世界各地で建築と都市計画の仕事を、各国の人々と一緒にやってきたので、国際交流といっても私には構えたものでなく、ごく日常的なことなのです。

建築は歴史や文化の研究から

これまでに手がけてきた国内での仕事は、広島平和会館本館・資料館、旧東京都庁舎、香川県庁舎、国立屋内総合競技場、東京カテドラル聖マリア大聖堂、万国博の会場構成などで、九一年に完成した東京都新庁舎、九六年に完成したフジテレビ本社ビルもそうです。常にこだわっているのは、美しさと機能性を有機的に連結させることです。

国外での事業で印象に残っているものは、地震で崩壊したユーゴスラビアの都市復興を計画した『スコピエ都心部再建計画』、イタリアの歴史と自然の保存に努めながら街の発展を推進しようとした『ボローニャ市北部開発計画』、国の統一を図ろうとして計画された『ナイジェリア新首都都心計画』など、六〇年代から八〇年代にかけての事業で、現地の人々のひたむきに突き進むパワーは、大変に力強いものでした。

都市計画は、口では言い尽せないほど複雑で高度な仕事です。当然、その国の都市環境をはじめ、歴史、文化、生活習慣に至るまで研究しなければなりません。社会の動きをとらえる感性も必要ですから、決して簡単なことではありませんが、それだけにやりがいもあるものです。

建築を通じて中国と交流

理工系の最高学府といわれる北京の清華《せいか》大学から名誉教授の称号をいただいたのは、九七年の五月です。建築を通じて中国と交流を図ってきたことを、このような形で認めてくださったことは、大変うれしく光栄に思っています。

九五年からは上海と広州の都市計画の顧問になっているため、年に何回か中国を訪問していますが、中国との交流のきっかけは、八一年から約二年の間、中国政府の依頼で、中国の建築家五人を東京の私の研究所に受け入れたことでした。

彼らは優秀な才能をもちながらも、文化大革命で技量を発揮できなかった人たちで、それだけに、建築にかける情熱には並々ならぬものがありました。仕事ぶりも熱心で、休日も研究所に来ては、参考になる文献を読んだり必要な資料をコピーしたりしていました。彼らは日本語があまり達者ではありませんでしたが、まわりのスタッフとも違和感なく溶け込んで仕事をこなしていました。やはり、建築という同じ世界をもっている人間同士だからこそ、理解し合える部分があったのでしょう。年末年始の休みを故郷で過ごせるようにするなど、仕事以外の生活面でも細かい点に気を配りました。お迎えした皆さんに気持ち良く仕事をしてもらうことは、他のスタッフの士気にもつながりますから大事なことなのです。

その後、彼らとは九七年の清華大学での授与式の前の晩に再会しました。建築研究員として指導的な立場になった人や、都市計画局の局長ともいえるポストについた人もいて、それは驚きました。

建築を学ぶ海外の学生も支援

以前、ベトナムのホーチミン市を訪れた際、大学に建築の学生を育成するための寄付をさせていただいたことがあります。それがお役に立っているようなので、今後も建築を学ぶ学生を、いろいろな形で支援していけたらと考えています。

かつて、マサチューセッツ工科大学やハーバード大学で教壇に立っていたこともあって、教え子は世界中にいます。五十年間の活動の場に国境がなかっただけに、外国とか外国人だからと特別に意識することもありません。これからも今まで通り、自然体でおつきあいしていこうと思っています。

一九一三年、大阪府生まれ。三八年東京帝国大学卒。同大学大学院修了。四六年同大学教授。七四年同大学名誉教授。八〇年文化勲章。称号・受章は国内外で六十を超える。九七年北京・清華大学名誉教授。著書に『現実と創造』『技術と人間』『一本の鉛筆から』など。丹下健三・都市・建築設計研究所代表。

"To Be International, Be National"

（平成十一年一月号）

作家　曽《そ》野《の》綾《あや》子《こ》

たまたまカトリックの学校を出たものですから、友人の中にはたくさんの修道女がおります。多くは世界中の途上国の、それも未開で危険もある土地で、窮状を改善するために働いています。そうした修道女たちに、数人の友人とともに援助をするようになったのは二十七年前のことで、様々な偶然から自然発生的に始まったものです。

善意のお金を有効に使うために

援助のための資金は、当初、友人たちがお金を託してくれるのがもっぱらでしたが、折にふれて、援助の内容をお話していましたら、次第に寄付をしてくださる方が増えていきました。そこで、援助を求める世界からの声にもう少し広くおこたえしていこうと、それまでの援助の会を統合して、一九八七年に民間援助組織・海外邦人宣教者活動援助後援会を発足させました。

寄付をしてくださる人々の九割がクリスチャンではないので、費用は布教のためでなく、すべて、困っている人たちのための住居、薬品、食料、衣料、教育のいずれかの目的に使われるものか、現地でそれらのものを届けたり、用途を監督するのに必要な車両の購入費にあてられています。援助を海外在住の日本人神父と修道女のかかわる先に限ったのは、提供したお金の追跡を容易にするためと、申請者が現地に留まって、そのお金が目的に添ってきちんと使われているかに責任がもてることを条件にしているからなんです。

「援助」に畏れを抱くことが原則

これまで調査のために足を踏み入れたのは百五ヵ国になります。首都から何百キロも離れた奥地がほとんどで、すさまじい窮状をこの目で見て来ました。インドの病院で三千人のハンセン病患者を見たのは、百二十人に一人が罹患《りかん》しているといわれた七〇年代のことで、貧しさから、もらった薬を飲まずに売る患者もいました。八〇年代に訪ねたマダガスカルの医療機関では、酸素の補給のあてがなく、未熟児が生まれても、生存の見込みがなければ使うことができない状況でした。ですから、これは結果論ではあるけれど、ほかの子供に酸素を譲って死ぬ子がいたということなんです。九〇年代に入っても同様で、多くの国が「貧困」という共通の病状にありました。ものが不足していれば、誰かを見捨てなければならない選択を迫られますが、それが貧しい人たちに尽くしている人にしかできない決定であることを、現実を目の前にして、しみじみと感じました。

「援助」はそう簡単にできるものではないと畏れを抱くこと、それが原則だと思います。アフリカのある村で夜間の識字教室を参観した時、ランプ一つの薄暗い中では不自由ではないかと思い「二つほど増やしたらどうでしょうか」と申し上げたことがあるんですが、先生は「目を馴らしておかなければなりませんから」とおっしゃる。つまり、暗闇の中を何キロも歩いて帰る生徒のことを考えているんです。これは一例ですが、日本人の海外に対する思いやりというのは、残念ながらことほど左様にズレがある。ですから、私は現地に行くたびに自分のやり方は間違っていないか、どうしたらいいのかと、常に考えをめぐらせています。

よき国際人とは

異国の人々とおつきあいする場合、シンパシーというか、共に心を動かされる共通点をもっていると、誤解も少なくなるのではないでしょうか。また、技術が交流を深めるための対話になることもあります。井上さんという鳶《とび》職の友だちにインドネシアで出会ったことがあるんですが、彼は日本にいる時と同じニッカーボッカー姿で、高所に上って、てきぱきと働いていました。見れば、近くの岩に、現地の言葉で「いいぞ井上！」と書いてある。彼は愛想がいいとか、現地の言葉を巧みに話せるわけではないけれど、仕事ぶりが実に見事で、地元の人々からとても愛されていました。

思い出すのは、学生時代に英語で覚えた〝国際人《To Be International》であるには、よき国民《Be National》であれ〟という意味の言葉です。私もまだまだ学ばなければならないことがたくさんあります。

一九三一年、東京生まれ。聖心女子大学英文科卒。五四年『遠来の客たち』で文壇デビュー。作品は『誰のために愛するか』『神の汚れた手』『たまゆら』『黎明《れいめい》』『幸福という名の不幸』『時の止まった赤ん坊』ほか多数。九七年、民間援助組織の歩みを綴った『神さま、それをお望みですか』で吉川英治文化賞。ほか受賞歴多数。九五年より日本財団会長。

音楽で心を伝えたい

（平成十一年八月号）

ヴァイオリニスト　天満《てんま》 敦子《あつこ》

大学院修了後の一九八五年に初めて海外公演を行いましたが、特別な意識はなく、国内と同じ感覚で演奏することができました。以来、ルーマニアやチェコ、中国、ミャンマー、クウェートやモロッコなど、多くの国でコンサートを開いてきました。音楽ホールはもちろんですが、時には病院や施設などを訪れ、患者さんや子供たちの前で演奏することもあります。たくさんの国やさまざまな場所でヴァイオリンを弾くことができて、私はとても幸せです。なぜなら、たとえ言葉が通じなくても、音楽を通してお互いの心を通い合わせることができるからです。

音で伝わる国の雰囲気

演奏前には、まずスタッフとの打ち合わせを行います。海外では英語にジェスチャーを交えてやりとりをしますが、違和感はまったくなく、お互いの気持ちを伝え合うことができます。演奏会の成功という同じ願いと音楽に携わる者同士の共通した感覚に、言葉や国籍は関係ないからなのでしょう。

一方で、音楽そのものには個性があり、それは国によって異なります。私は海外でリサイタルを開くときに、大抵の場合、現地の方に伴奏をお願いしています。面白いことに、ピアノの音でその国の香りのようなものが伝わってきます。同じ曲でもその国独特の解釈や表現があり、最初の二小節を聞いただけで、それらが感じられるのです。今では外国の風景写真を見ると、その国の雰囲気が音として聞こえてきます。伴奏者の方も、私のヴァイオリンを通して日本を感じてくれているのではないでしょうか。

私は演奏の依頼があると喜んでどこへでも出かけていきます。友人たちには「いろいろな国に行けてうらやましい」と言われますが、実際は一回の公演で約一週間、場合によっては三泊四日という旅が多く、ホテルとホールとの往復で終わってしまうことも少なくありません。たとえ、その土地をじっくりと歩くことができなくても、音で独特の香りを感じることができますから、演奏そのものが何よりの楽しみなのです。中でもルーマニアには特別な思い入れがあり、毎年、リサイタルを開いています。

『望郷のバラード』との出会い

私が国際交流基金の文化使節として、ルーマニアを訪れたのは一九九二年六月のことです。当時、政情が不安定だったルーマニアでは、その影響から、演奏会が開かれることはほとんどありませんでした。そのため、首都ブカレストで行った公演には、予想外に大勢の方が詰めかけてくださいました。その中には、ある日本人外交官の方がいらっしゃり、演奏終了後に楽屋に訪ねてきてくれました。彼は「ぜひ、あなたに弾いてもらいたい曲があります」とおっしゃって、帰国後、早速、楽譜をお持ちくださったのです。

楽譜を開くと、そこには東欧のレストランでよく耳にしていた曲が書かれていました。弾いてみると、ゆったりとした旋律の中に懐かしさと優しさと力強さが感じられ、瞬間的に「心の中で探していた曲はこれだったのだ」と思いました。それが『望郷のバラード』だったのです。この曲は、日本でいえばまさに演歌で、なぜか私の心に深くしみ入り、何度弾いても胸が熱くなります。

『望郷のバラード』はお陰で多くの方の共感を得て、今ではすっかり、天満敦子といえば『望郷のバラード』と言われるほどになりました。

心を伝える

日本人の私がルーマニアの曲を弾いて、その心を世界に伝える。それは音楽だからできることなのかもしれません。最近、友人である作曲家の小林亜星さんに、流行歌『風の盆』をヴァイオリン用にアレンジしていただきました。リサイタルやコンサートのアンコールで弾いていますが、この曲で、今度は日本の心を世界の皆さんに聞いていただきたいと思っています。

私の音楽を聞いてくださった方々に、そこに込めた心が伝わったと思えた時は、私は生きていて良かったとさえ感じます。人と人は心を伝え合うことで交流が始まり、それができたらどんな壁も乗り越えられるのではないでしょうか。これからもヴァイオリンで自分の言葉を語り、心を伝えていきたいと思います。

東京都生まれ。六歳よりヴァイオリンを始める。東京芸術大学在学中から数々の賞を獲得し、楽壇の注目を集める。大学院修了後は内外でコンサート活動を展開。訪れた国は延べ二十ヵ国に及ぶ。一九九二年初夏に「文化使節」として訪れたルーマニアの公演は空前の成功を収めた。また、この訪問を機に日本初演を果たした『望郷のバラード』は、クラシック音楽界では異例の大ヒット曲となる。外国からの依頼も多く、過密なスケジュールの合間を縫って、海外公演を行っている。

2000
年代

茂出木雅章
メリーグレース・ブラウニング
藤岡弘、
野口健
サフィア・ミニー
野上忠男
王野百合子
田中則仁
高橋孝毅
マ・メイ・ティン・テツ
山本伸

中田秀光
岡野俊一郎
アラン・シード
小坂文乃
伊藤ライム
白井健
紺野美沙子
横山回天（総三）
白相淑久
大村和民
バリシュク・ヴィクトリア

青空を舞う凧は「平和の象徴」

（平成十二年一月号）

「日本の凧の会」会長　茂出木《もでぎ》　雅章《まさあき》

正月になると、子供たちが原っぱで凧揚げをする。そんな日本の風物詩も、駆け回る場所が少なくなったせいか、最近ではあまり見かけることがなくなりました。しかし、日本各地にその土地特有の凧があり、現在でもそれらが脈々と受け継がれています。凧が大好きで、三十年前に「日本の凧の会」を立ち上げた父は、当初、凧は東京にしかないと思っていたそうで、後に日本どころか世界中、凧のない国はないと知り、たいへん驚いたと話していました。私自身、父と一緒に凧を揚げていた子供の頃には、凧が縁で世界各地を飛び回ることになろうとは思いもよりませんでした。

戦いの道具から遊具へ

凧は二千年前には人間が乗って偵察に使われていたという記録もあり、そもそもは軍事的な目的で利用されていました。日本でも、日本海をわたって攻めてくる敵船の所在を知らせる通信手段として使用され、石川県の岬から遠く九州の大宰府まで次々と凧を揚げて情報を伝えていたそうです。つまり、狼煙《のろし》代わりともなっていたわけです。

その後、凧は軍事的な道具から庶民の遊具として親しまれるようになりました。種類も豊富になり、和凧のように平面のものもあれば、欧米に見られる三角錐などの立体的なもの、また平面が幾重にも連なった連凧や鳥など動物の形をしたものまでさまざまです。遊具とはいえ、芸術性の高い絵が描かれていたり、風を抱き込むための科学が巧みに反映されていたり、その芸術的、技術的な面はなかなか奥が深いのです。

国際大会で言葉を超えた交流

現在、「日本の凧の会」は全国に約八十の支部があり、それぞれが大会を開催していますし、国際大会も各国で開かれています。国際大会では、世界中から自慢の凧を持ちよって、さまざまなパフォーマンスが繰り広げられます。たとえば、アメリカではスポーツカイトが盛んでいつも競い合っていますし、東南アジアは五穀豊饒《ごこくほうじょう》を願う宗教的な意味合いが強く、大会ともなると始終民族音楽が鳴り響いています。フランスでは大会に二週間も費やし、イタリアはサーチライトや花火を使った華々しい演出で楽しませてくれます。またデンマークのように、一週間の大会期間中セレモニーもなく、ただ凧を揚げるというものもあって、大会の趣向にはお国柄が出てきます。

私もよく国際大会に参加しますが、期間中は見ず知らずの外国人と宿を共にすることになります。そこでは凧の自慢話に始まり、ありとあらゆる話題で盛り上がり、楽しいひとときを過ごします。彼らは歴史から科学的な知識に至るまで、凧について実によく勉強しているのに驚かされます。

私は日常会話に困らない程度の英語は話しますが、基本的には日本語で通してしまいます。お互い顔をつき合わせて、一所懸命コミュニケーションをはかろうとすれば、言葉は意外になんとでもなるものです。しかも、凧という共通言語もありますから、どんな国の人とでも気持ちが通じ合うのでしょう。

凧と共に世界中を飛び回る

「日本の凧の会」は、十年前に凧の博物館を東京・日本橋に開館しましたが、意外にもこれが世界で初めての博物館となりました。欧米の凧は個人の趣味的な存在で、「ピーターの凧」「ジョンソンの凧」といった名前がつけられます。それに対して、日本では地域色が強く、津軽凧とか浜松の凧といった集合体で語られ、技術や絵柄などがその地方の伝統として残されています。それが、凧に博物学的な資料性を与えているのでしょう。

凧が遊具として定着した現在では、戦争をしている国に凧はないといいます。平和な場所にしか揚がらない。つまり、平和の象徴でもあるのです。

凧を通しての交流の積み重ねが、世界の平和にもつながるのだとしたら、これからも、世界中を飛び回って日本特有の凧を世界中に伝えるとともに、多くの日本の子供たちにも凧の楽しさを教えてあげたいと思っています。

一九三九年、東京生まれ。慶応義塾大学卒。幼い頃から父・心護氏のもとで料理を教わり、大学卒業後、本格的に修行を始める。父亡き後、洋食の店『たいめいけん』を継いで洋食の普及・研究に務め、テレビや雑誌などでも活躍。『たいめいけん』のビルには『凧の博物館』が併設されている。著書に『たいめいけん洋食やのコツ』『こまったときの家庭料理秘訣集』などがある。

出会いが出会いを生み育てる（平成十二年七月号）

教員・青少年活動ボランティア　メリーグレース・ブラウニング

ここ数十年、イギリスの中高生や青年たちを連れて、毎年少なくとも二回は日本を訪れています。その目的は、日英の若い世代が親しく交流することで、お互いの理解を深め、将来にわたっての厚い信頼関係を築くことにあります。私がこうした活動をお手伝いするようになったのは、いくつもの偶然が、私を日本へと引き寄せたと言っても過言ではなく、〝縁〟や〝運〟を感じずにはいられません。

父の偶然の出会いで手にした切符

四十年前に私が通っていた高校では、世界中の高校生との文通を奨励していました。どの国の高校生と文通するのか、それを決める日に私は学校を休んでしまい、翌日、私の文通先が日本人の女子高校生に決められたことを知りました。これがそもそもの偶然です。結局彼女とは頻繁に手紙をかわすようになり、今でも文通が続いています。彼女から送られたこけしやハンカチは、日本への好奇心をくすぐり、また手紙を通してひらがなやカタカナも教わりました。この経験が私の日本への扉を開いてくれたのです。

その後、ケンブリッジ大学に進んだ私は化学を専攻しました。学位をとるためには、他の学科の単位が必要で、何を選択しようかと思案していたときのことでした。あるパーティで、ダーツで学科を選ぼうという遊びを仲間と始めました。なんと、私の矢は数ある学科のなかでもなぜか日本語に当たったのです。そして一年間、日本語と日本文化について学ぶことになりました。

そして三つめは、父に起こった偶然でした。父が勤めていた会社に日本企業から来客があり、父はその日本人の方と親しくおしゃべりをする機会がありました。ちょうど、その方はお嬢さんの結婚について心配していたのですが、私の父もまた、私の将来を案じていました。当時は日本について勉強しても、仕事の当てがないと心配した父は、冗談のつもりで「娘に、日本で就職先を見つけてやってください」と言いました。すると、しばらくして日本から手紙が届き、「日本の私立高校で理科の教師を探しているから、ぜひに」と声をかけてくれたのです。

一九六六年、私はこの手紙を頼りに、シベリア横断鉄道を経て横浜港に降り立ちました。『古記』を読み、『福澤諭吉』をよく知ってはいても、「トイレはどこですか」という簡単な日本語にも苦労するような状態からの出発でした。結局二年間、東京の高校で教鞭をとったのです。

広がってきた日本への興味

六八年に帰国してからも、日本企業のオフィスでイギリスに住む日本人のお世話をしたり、また母国の高校で理科の教師となったときも、同時に日本語を教えるなど、日本とのつながりは絶えることがありませんでした。そうした折、かつて教鞭をとっていた日本の高校から数人の女子高生がイギリスに滞在する機会があり、若い世代の国際交流に手を貸すきっかけになりました。

その後、八五年は国際青年年となり、交流のための資金を集めることも比較的容易な時代となりました。実際、私の十七歳の教え子が、単身ロンドンの企業に掛け合って資金調達の目途をつけるなど、積極的に日本と交流したいという熱意が生徒の間にも広がっていました。やがてその熱意が実り、日本の三つの高校との本格的な交流が始まったのです。以来、生徒を連れて何度も来日することになりました。

小さな交流が平和の第一歩

さて、九五年に日本軍の戦争捕虜の孫を中心とするイギリス各地の高校生を対象に「日英青少年交流事業」が実施されることになりました。私はイギリスのある団体から、事業活動を手伝ってほしいと依頼されたのです。私自身は、戦争捕虜について何の知識もありませんでした。父は平和を何よりも大事にする人でしたから、戦争についても多くを語りませんでしたが、偏見をもたずに世の中を見ることの大切さを教えてくれました。

ですから、日英青少年交流事業による訪日の際にも、事前に日本についてあまり話すことはせず、ありのままの日本を自分たちの目で見、肌で感じてもらうようにしています。日本の日常にふれるためにも、ツアーのようにお仕着せの観光コースをたどるのではなく、電車や地下鉄を乗り継ぎながら自分たちの力で目的地へ行くなど、あくまでも自主性を重んじています。

イギリスと日本の素顔の交流こそが大事なのであり、私はそのきっかけづくりをしているに過ぎません。それぞれの国に親しい仲間ができれば、その仲間を決して傷つけようとは思わないはずです。そうした仲間を増やすことが、戦争に頼らず、平和を構築することになると信じています。

文通、日本語の選択、日本での就職などすべて偶然ではありますが、出会いが出会いを呼び、そこに交流が生まれ、その輪がさらに広がっていく。こんなうれしいことはありません。今年八月にも二十人のイギリス青年とともに訪日します。日本各地を自分たちの足でまわり、そこで出会った小さな偶然が、きっと青年たちの心にたくさんの思いを抱かせてくれるはずです。

一九四四年、英国生まれ。七〇年代初めより、元日本軍捕虜が多く住む英国サフォーク地域において青少年の日本に対する理解と日英青少年間の交流に尽力する。現在は地元の高校で化学、日本語と日本文化を教える一方、日本各地の中高生と長年にわたって相互訪問を行っている。外務省が主催する「平和友好交流計画」のもと、元日本軍捕虜の孫たちが参加する訪日招へいプログラムのコーディネーターを務め、一九九九年には日英相互理解の促進への貢献が認められ、外務大臣表彰を受けている。

国境を超えて友情の種を蒔きたい

（平成十二年九月号）

俳優・武道家　藤岡《ふじおか》 弘《ひろし》、

俳優という仕事の傍らで、約三十年にわたって病院や施設の慰問をはじめとするボランティア活動を続けてきました。困っている人がいたら、手を差し伸べるのは当たり前のこと。少しでも役に立ちたいという気持ちから、国内、そしてＮＧＯの団体を通じて世界各国の被災地などを訪ねています。

故郷から受け継いだ奉仕の精神

私は愛媛県で生まれ育ちました。ご存じのように、愛媛県は四国八十八ヵ所で知られる巡礼地の一つです。子供の頃から、巡礼の旅をする人々と接する機会が多く、知らずしらずのうちにたくさんのことを学んできたような気がします。巡礼者たちは誰もが苦しみや痛み、悩みなどを抱えながら旅しており、皆思いやりが深く、子供たちにもとても親切でした。また私の周囲の大人たちも旅人をいたわりながら、よく世話をしていました。

感謝や奉仕という言葉だけを取り上げると、少々大袈裟に感じる人がいるかもしれませんが、私の心の中にはごく当たり前のこととして存在します。ボランティア活動を始めたのも、子供の頃の環境が強く影響しているのでしょう。

かつて、仮面ライダー役をやっていた頃、私は子供たちからたくさんのプレゼントをもらいました。それらは自宅に納まりきらず、それなら私の代わりに子供たちに使ってもらおうと孤児院を慰問したのが活動の始まりです。

十五年ほど前、知人を通じて、グローバルレインボーシップ（GRS）というNGOの団体を知りました。この出会いが私の目を海外へと広げてくれることになったのです。GRSは一九七〇年代に設立され、その主な活動は、国境や民族、宗教、思想などを超えて、飢餓や紛争、天災などによる被災地で暮らす人々に手助けをすることにあります。次第に、団体の活動に積極的に参加するようになり、現在、私はその理事の一人として多いときには年に三回ほど国内外の被災地へ出かけています。

自らの手で物資を渡して信頼関係を

GRSのメンバーと一緒に、九六年はシリア、ヨルダン、イスラエルへ、九七年にはモンゴル、九八年は北朝鮮やバングラディシュ、アルゼンチン、ブラジル、九九年はトルコ、そして二〇〇〇年三月にはスーダンとクエートなどへ行ってきました。訪れた国はすでに数十ヵ国にのぼります。被災地へ赴くときは、義援金や医薬品、食料品、衣料品などのさまざまな救援物資を携えて行くのですが、必ず自分たちの手で現地の方に渡すようにしています。自らの足でその地を歩き、自分たちの目で状況を見ることで、はじめて被災地の現実がわかるからです。現地のリーダーに直接手渡すことで、互いの信頼関係も築かれていくのだと思っています。

訪れた先には数日間滞在し、私は武道を披露したり、他のメンバーとともに歌や尺八など日本の音楽を聞いてもらったりします。すると今度は現地の皆が民族音楽を演奏してくれることも多く、そこが危険と隣り合わせだということをしばし忘れるほど楽しい時間を過ごします。そしてそこから小さくとも友情のようなものが生まれるといいと思うのです。

人間とは何かを知る旅

ボランティア活動を始めた頃は、意識のどこかに彼らが必要なものを「与えている」という考えがありました。しかし、活動を続けていくうちに、それは非常に傲慢であることに気がついたのです。

たとえば紛争が続き、キャンプ暮らしを余儀なくされている子供たちは、誰もが鋭い目をしています。それは、本当に信頼できる相手かどうかを瞬時に判断しなければならないほど過酷な環境に暮らしているということを如実に物語っています。しかし、いったん心を開くと、目をきらきらさせながら笑いかけてくるのです。その表情を見ていると、私たちの方が彼らからたくさんのものを「与えられている」ということを実感します。人間とはいったい何なのか、そして自分とは何かをつくづく考えさせられると同時に、人は生きているのではなく、生かされている。ボランティア活動とは私にとっては学びの場であり、自分自身を発見する旅でもあるといえるでしょう。

人間として互いに思いやりの心を抱き、助け合うことこそ、今の日本人が忘れかけている気持ちかもしれません。ボーダーレスといわれる今の時代、すべての垣根を超えて共に生きるという気持ちをもつことが大切なのではないでしょうか。

これからも、さまざまな土地を訪れ、小さくとも友情の種を蒔くつもりです。そして、今後もできるだけ多くの人々と交流をしていきたいと思っています。

一九四六年、愛媛県生まれ。七一年に『仮面ライダー・本郷猛』役に抜擢されて以来、NHK大河ドラマやアクションドラマで活躍。九七年には『せがた三四郎』キャンペーンに登場してブームとなる。空手初段、柔道三段、抜刀道四段をはじめ、格闘技やさまざまな武道の有段者。民間ボランティア団体「グローバルレインボーシップ」の理事として、エチオピアやカンボジアなど世界中で援助活動を行っている。『サムライ学』などの著書がある。

日本の本質を考えることから、始めたい

（平成十三年九月号）

アルピニスト　野口《のぐち》健《けん》

外交官の父に従って、サウジアラビア、日本、エジプトなど世界各地を転々とする子供時代を過ごしました。イギリスの立教英国学院高校一年生の時に一ヵ月の停学処分となった私は、自宅謹慎を言い渡され日本へ一時帰国。その時、父に勧められ出た旅先で、世界的な冒険家であった故・植村直己さんの著書『青春を山に賭けて』に出会います。この一冊の本が、夢中になれるものを何も持てなかった私を山へと導いてくれました。以後は十六歳の時のフランス・モンブランへの登頂を最初に世界の山々へ挑み、一九九九年、二十五歳の時に念願だった※サガルマータの登頂に成功しました。

アジアを代表する国として自覚と責任を

九七年、私は※チョモランマ公募登山隊に参加。この時に外国人隊長の指示で、韓国隊撤退後のゴミを清掃しました。疲れていたこともあり不満を言いながら清掃をしていたのですが、その時にほど近い場所にある日本隊が残した膨大なゴミを見せられたのです。ヒマラヤは日

本のゴミだらけなんだと教えられた私は、続けて「日本は経済は一流だが文化は三流だ」と言われ、言葉を失いました。この時の経験から私は、清掃活動に取り組もうと決めたのです。二〇〇〇年には二ヵ月がかりで約一・五トン、今年二〇〇一年には中国、韓国、ネパール、グルジア各国の登山隊も参加し、三月から約二ヵ月間で約一・六トンのゴミをそれぞれ回収しました。

チョモランマにアジア諸国の登山隊がゴミを捨てたら、間違いなく日本が矢面に立たされ世界から非難されるでしょう。それは、日本がアジアを代表する国だからであり、登山隊に限らず、日本人はそうした認識や自覚が足りないように思えてなりません。さらに言えば登山隊員のモラルという狭い枠で区切るのではなく、その国の国民性がたまたまチョモランマでゴミという形で表れ目立っているのにすぎないのではないでしょうか。つまり、チョモランマにゴミを捨てる傾向のある登山隊の国に行けば、その国も同様に汚されているのです。これは残念ながら事実であることは、皆さんが一番よくご存知なのではないでしょうか。

プロに徹してこそ冒険は成功する

私が今の道に進むきっかけとなった世界的冒険家・植村直己さんは、北米大陸最高峰のマッキンリーへの挑戦で命を落としました。後に発見された彼の日記には「何が何でもマッキンリーに」という言葉がありました。この「何が何でも」という言葉は、天候が悪かろうが自身の体調が悪かろうが、いかなる状況下でも登頂への挑戦を決行することを意味するものです。今となっては植村さんの当時の心境を聞くことは叶いませんが、この日記に書かれた決意には、同じ冒険家である私から見れば「追い詰められた心境」が伺えます。私自身も九八年、エベレストへ二度目の挑戦の時は、山頂まで四百メートルの距離のところまで進みながら、猛吹雪の中、一時間三十分「行くべきか、諦めるべきか」と悩んだ経験がありました。這ってでも登ることはできるかもしれない、ただ、行けば帰りは確実に命を落とすことが分かるのです。酸素ボンベの残量を計算しその時は下山を決めたのですが、やはり前年の失敗があるので「ここで失敗をしてしまったら、支援が打ち切られてしまう」とどこかで考えていました。生と死の狭間で自らの命を優先「できない」心境、これは間違いなくプロの冒険家としては失格です。「冒険とは生きて帰ってくることだ」を信条としていた植村さんに「何が何でも」と書かせたものは、もしかしたら私と同じ心境だったのではないでしょうか。

日本、韓国、中国では「悪天候で登頂を断念すること＝失敗」なのです。一方ヨーロッパでは、高名な登山家が悪天候や自らの体調不良を理由に登頂を断念しても失敗とはしません。日本には「冒険とは死を厭わないこと」という、非常にアマチュアな発想がまだまだあります。こうした意識が無くならない限りは、後進者も出てきませんし、本当の意味でのプロの冒険家は育っていかないように思えてなりません。

強く感じる「自らの意見を持つ必要性」

海外で日本人を交え意見交換をする場では「知識から意見を述べる人」が必ずいます。以前読んだ本や新聞ではこうだった、大学の講義ではこうだった、と。これでは相手の信用を得ることはできません。「知識プラス経験」の実体験があってこそ、海外では初めて相手と対峙することができるのです。こうした部分が日本人には欠けているように思え、残念でなりません。

さらに父がよく言っていたことで私自身も感じるのが「日本人の食事のマナーの悪さ」です。ともすれば「英語さえ話すことができれば国際交流はできる」というようなことを明言する方がいますが、私自身の感想では、語学とはあくまでも「入りやすい入り口」であってそれほど大きな問題ではありません。それよりも、普段の営みの中にあるマナーを守り、実践することが大切だと感じます。

海外での生活が長かったことで、私は常に「一介の外国人」という立場を強いられてきました。そのためか、日本人がもしかしたら一番失いつつある「愛国心」を強く感じてきたのかもしれません。だからこそ国民一人ひとりが今一度、それぞれの立場から日本の在り方を本質から考える必要性を強く感じています。それを成し得てこそ、自分たちの意見を世界へ発信し、初めて本当の国際交流を始めることができるのですから。

一九七三年、米国ボストン生まれ。九九年、エベレストの登頂に成功し、七大陸の最高峰世界最年少登頂記録を二十五歳で樹立。二〇〇〇年からはチョモランマ清掃登山に、〇一年からは富士山清掃登山へとそれぞれ取り組み、環境保護問題への提言を独自のスタイルで続ける。現在、青森大学大学院環境科学研究科に在学中。

※中国領チベット自治区と、ネパール王国の国境にそびえる世界最高峰「エベレスト」は、チベットでは「女神の山」という意味の「チョモランマ」、ネパールでは「世界の頂上」という意味の「サガルマータ」というそれぞれ現地名がある。野口氏はチベットとネパールのどちらか側から登頂するかによって山名を使い分けている

(アルピニスト：登山の本場ヨーロッパ・アルプスの雪と岩と氷におおわれた鋭峰《えいほう》に登ることのできる人を指す言葉。広く登山家を指す言葉として用いられることもある)

途上国には援助よりも自立の手助けを

（平成十四年一月号）

グローバル・ヴィレッジ代表・フェアトレードカンパニー株式会社社長　サフィア・ミニー

私は、ロンドンで生まれ育ち、父がインド人、母がスイス人、という家庭でしたので、あまり自分で意識はしませんでしたが、白人がほとんどの地域に住んでいたので少数派だったと思います。毎日の食卓には、野菜をたくさん使うスイス料理もあればカレーなどのインド料理もありました。一方で、学校は白人が大部分という普通の学校でしたから、小さい時から多くの文化に触れる生活をしていました。

国際協力に興味を抱くようになったのも、父の影響で、イギリスに住んでいるインド人等の人種問題に小さい頃から接したためだと思います。人種間の問題は、お互いに相手の文化や習慣をよく理解していないために起きてくるのだと思います。

私の母は司書の仕事をしながらさまざまなボランティア活動を熱心に行っていたので、「立場の弱い人々の支援をする」という考え方が、私にも自然と身に付いたのだと思います。

人権や環境を守るために

ロンドンで会社勤めをしていた二十歳の頃、あるフェアトレード（公正貿易）組織の通信販売のカタログをたまたま手に入れ、商品を購入したことがフェアトレードに興味を持つようになったきっかけでした。「援助するのではなく、持続的な仕事の機会を提供し、人々の自立を目指す」という理念に共感したのです。そして出版社とマーケティング（市場取引）の仕事で八年間経験を積み、私自身もフェアトレードに携わるようになりました。

フェアトレードでは、利潤の追求よりも、生産者と消費者の人権や、地域の環境を守ることを重視します。発展途上国の立場の弱い人々が作った手づくりの製品を、その人たちが生活できるだけの「公正な」価格で輸入し、販売するという対等な立場で貿易を継続することで、発展途上国の人々の自立を支援することができるのです。

五年間の会社勤めの後、自分でコンサルティング会社を設立し、環境保護団体や、社会問題を扱う雑誌の出版社からの依頼で、宣伝活動を企画したり、ダイレクト・メールを作る仕事などを三年間手がけました。コンサルティング料の予算がない小規模の団体に対しては、ボランティアで仕事を引き受けることもありました。

発展途上国のためにできること

フェアトレードの活動拠点として日本を選んだのは、もともとアジアの文化には興味があり、環境問題や人権問題をアジアの立場から勉強してみたいと思っていたからです。

東京に住むようになり、昔ながらの商店街や伝統的な手工芸品、郊外の緑豊かな山々がすっかり気に入ったのですが、一方では過剰包装がひどく、環境にやさしい商品や情報もなくて欲求不満がたまる一方でした。来日当時は、自然食品やフェアトレードのコーヒーなどを探し回っても、なかなか手に入れられませんでした。

そこで、日本の友人と話し合い、一九九一年に環境・国際協力NGOのグローバル・ヴィレッジを発足させたのです。さらに発展途上国の人たちに安定した収入源となる仕事を提供し、支援を継続していくために会社組織を設立した方がよいと感じ、九五年に輸入・販売事業を法人化しました。

今後はできるだけ多くの人に、商品を購入することが途上国の生産者の自立を助けたり、環境保護運動にも繋がるということを知ってもらうため、報道機関への働きかけや宣伝活動の実施を通じて、さまざまな問題点をわかりやすく伝えるよう工夫していくつもりです。

その国の文化や生活を想像する

日常的に異文化と接する機会が少ない日本では、相手の立場を想像する力を自然に身に付けることは難しいかも知れませんが、外国の方と交流する時は、その国の文化や生活、習慣などに想像力を働かせることが大切だと思います。

私たちは商品を通じて、遠い国の文化と問題、伝統技術、天然素材、手作りの心地よさを感じとって頂けたらと思い、通信販売のカタログや会報誌、商品の札などを通じて、生産者や生産者の背景を説明しています。大量生産の商品の中には、発展途上国の工場で、出稼ぎの少女たちが過酷な労働条件で働かされて作ったものも多いのです。でも普段は、誰もそんなことを想像もしないでしょう。私たちは、できるだけ相手の顔の見える貿易を心がけています。

その商品が「どこの国のどんな人が作ったものなのか」を想像をするのも、ひとつの交流の形なのではないでしょうか。

一九六四年生まれ。イギリス出身。ロンドンで出版とマーケティングの仕事に携わる一方、人権や環境保護のNGO活動に参加。九〇年に現在の夫と共に来日。九一年、国際協力NGO「グローバル・ヴィレッジ」を創設。九五年にフェア・トレード事業部門を法人化し「フェアトレードカンパニー株式会社」設立。双方の代表を務める。

草の根国際交流の宝物

(平成十七年七月号)

社団法人国際フレンドシップ協会 会長
野上《のがみ》忠男《ただお》

社団法人国際フレンドシップ協会の一員として、国際交流の仕事に取り組みはじめてから六年がたちますが、業務上の色々な交渉がなかなか上手く運ばず、諦めそうになる時、いつも私に、もう一度やる気を与えてくれるものがあります。それは、二〇〇〇年八月に岩手県安比高原で開催された「少年サッカー・サマーキャンプ」に参加した槻木《つきのき》ＦＣ《フットボールクラブ》の少年たちが送ってくれた作文集です。

手造りのサマーキャンプ

スキー場として有名な岩手県八幡平・安比高原の民宿経営者の方々が、芝生のサッカーコートを四面、「手造り」で造成し、東北、関東地方の少年サッカーチームを集めてサマーキャンプを始められたのは一九九六年。大会実行委員長である東北サッカー協会の小幡忠義さんから「外国からの同世代の子どもたちのチームにも参加してもらって、サッカーを通じての国際交流ができないだろうか」というお話をいただき、オランダ・サッカー協会と交渉をしたところ、オランダ国内のU−12（十二歳以下）大会で優勝したチームを派遣してくれることになりました。

九九年夏には、オランダの強豪プロチーム、フェイエノールト（現在、日本代表の小野伸二選手が所属）のジュニア選手を主力とする二五名のチームが安比高原にやって来てくれました。オランダの学校では午前中だけ授業に行って、午後は所属チームで練習をしていると いう少年たちの素晴らしい技術には、残念ながら同世代の各日本チームは歯が立たない状態でした。それでもオランダ協会のコーチたちが指導してくれた「サッカー教室」では、日本、オランダの少年プレイヤーが一緒に、熱心に、真剣な練習を行うことができました。

練習だけでも心はつうじて

この年は槻木FCの少年たちは、オランダ・チームと対戦する日本代表チームには選んでもらえずに試合を観戦するだけでした。

翌二〇〇〇年夏、再び安比高原にオランダから代表チームたちがやってきました。PSV(Philips Sport Vereniging) やアイントホーフェンといったトップ・チームに所属する青少年です。試合に参加できずに見学をしていた槻木FCの少年たちの顔が忘れられなかった私は、オランダチームのコーチたちに「オランダチームと対戦する力がないチームだけれど、あなた方のチームの練習に一緒に入れてくれないか」と頼んだところ快諾してくれました。

サッカー・サマーキャンプ終了後に、槻木FCの瀬戸正博先生から次のようなお手紙をいただきました。

「父母から何かお礼をという話になりましたが、私としては、子供たちに作文を書くように話しました。今回のオランダ選手との合同練習は、野上さんのお陰でできたと話したところ、チーム全員が八月二日の練習日に作文を持ってきました。自慢にはなりませんが、全員が一回でそろうのはめずらしいことです。こうした外国の少年選手との交流が国際理解につながり、英語を一生懸命に勉強し、自分の進路につなげようとする選手が生まれるかもしれません。子供たちの吸収というのは、私には考えも及ばないことの方が多いかもしれません」そして十一名の少年たちが、いかにオランダ選手との合同練習が楽しく、学ぶことの多かったかを思い思いに書いてくれた作文が同封されていました。

元気をもらい、経験を提供

十二歳以下の少年サッカーという国際交流活動は、プロチームの招聘とは全く違って、事業収入、宣伝対価も期待できないため、資金的にも協賛してくださる企業は非常に少なく、大変残念ながら、二〇〇〇年以降、外国少年チームの招聘が実現していません。それでもこのエンピツ書きの作文集を読むたびに、また芝生のグランドでボールを追いかける少年たちの歓声を聞きたいという思いが強くなり、もうひと頑張りしようと思うのです。

いまや国、団体の枠組みを越えて個々人が国際交流や支援活動を行っていく時代、我々は持ちえた経験を提供していけばいいのです。幸い、日本の内外に同じ思いの人がいます。これからはこの経験を必要なところに発信していくような仕組みを作っていきたいと思っています。

一九四〇年、東京生まれ。国際基督教大学卒業後、日本航空株式会社入社。イタリアでの一年間の研修を経て、仙台支店、長野支店、静岡支店長を歴任。九五年、早期退職第一号で退社後は、長年もち続けた構想、国際間のスポーツ交流を行う会社を設立。九九年には、外務省の外郭団体、社団法人国際フレンドシップ協会の会長となる。

海外の感動を身近なものに

（平成十七年八月号）

株式会社 王カンパニー 代表取締役
王野《おうの》 百合子《ゆりこ》

「買い物中心の海外パック旅行では何だか物足りない」、そういう方は多いのではないでしょうか。海外に出かけたらオペラやスポーツなども気軽に楽しんできて欲しい、そう思ったのは二十年前。夫の後押しもあり会社を設立、時代の流れか、年々、海外の芸術に興味をもたれる方々が増えてきており、これからも私は海外の優良なチケットを手配し旅行者の皆さんに提供していきたいと思っています。

普通の幼少時代でした

国際交流ということを改めて考えことは今までにありませんでした。子供の頃は普通の日本の小、中、高校生と同じで、周りに外国の方などいない環境で育ち、それでも外国への憧れはもっていました。ピアノは幼稚園の時から習い、将来はミュージシャンになりたいと思っていた頃もあります。そして当時も人気だったスチュワーデスに応募、夢がかなって国際線に勤務できることになった時は、本当に嬉しかったです。今、思うとそれが現在の私の仕事にも繋がっています。国際線の仕事をしていた時に、アメリカやヨーロッパ、オセアニアに行く際は、短い休息時間を使って大好きな音楽に触れたいと思ったのですが、これがかなり敷居が高い。現地の劇場は会員制のためオペラの券もなかなか購入できないのです。それでも何とかして購入ルートを見つけ、寸暇を楽しむ日々でした。

スチュワーデス三年目の一九八一年に、偶然にテレビ局の仕事の紹介を受けた時は、全く違う世界で果たして自分に務まるのかと、とても悩みました。楽天的な私は、それでも何とかなると思いお受けしたのです。フジテレビ『なるほど！ザ・ワールド』の現地レポーターでした。現役のスチュワーデスによるレポートという設定で、アメリカ・テキサス州とオランダに出かけ、私の好きな芸術に関する内容の仕事でした。二回だけで、その後はプロのレポーターに替わりましたので、ほんの少しの経験でしたが、これが私をさらに今の仕事に近づけることになったのです。放送時間は二十分程度でしたが、十名近くのスタッフが何時間もかけて海外での感動をプロデュースするのです。より多くの方々に夢を届ける仕事があるということを目の当たりにしました。

自ら感動したい

海外ロケの仕事を終えた時、これからの人生、自分にできることで周りの皆さんに喜んでいただけるようなことをしたいと思いました。そしてそれはオペラでした。この素晴らしい海外の芸術をもっと日本人の身近なものにしたい、それなら私の経験が役に立つと思いました。とはいえ趣味を仕事にするのは大変で、何度もうやめようと思ったことかしれません。それでも年に何度か自分の足で海外の劇場を回ると、自然と意欲が湧いてきました。

先日は、ウイーンに小澤征爾さんのコンサートを観に行きました。感動という言葉以外に表現できません。休憩の時間にふと気づくとロビーで寛ぐ観客の皆さんと興奮しながらお話をしていました。ヨーロッパや最近はトルコなど中東の皆さんも多くお見かけします。「日本からですね」と声をかけられ、色々と尋ねられもします。そんな時、幼い頃には思いもよらなかった海外の方たちと自然に話している自分がいるのです。こんな雰囲気を多くの日本の皆さんに味わってもらいたいのです。

海外に行かれる方には、どんなものに興味をもたれているのかなどをお聞きして、それに合ったものを紹介します。なかなか取れない券もあり、思うようにいかない場合もありますが、ほとんどの皆さんは現地に行けばその雰囲気に溶け込み楽しんでくださいます。

日本人の感性が好き

最近は、定年を迎えられたご夫妻がゆっくりと海外でオペラやスポーツを観戦したいと多くお問い合わせをいただきます。私どもより知識をお持ちの方もおり、日本人の芸術に対する教養の高さも実感しています。

悲しいこともありました。難病をかかえる二十歳の青年から、どうしても行きたいのに券が取れませんと電話がありました。ロックコンサートです。確かに難しかったですが、手を尽くして券を入手できた時はほっとしました。早速電話を入れると、電話口で歓声をあげてくれました。しかし結局、そのチケットを取りに来ることはありませんでした。ご家族からの連絡でお亡くなりになったと知り、もう少し早く出会っていればと虚しい思いでした。そのチケットは青年とともにお棺に入りました。

世界のどこかで起こるテロや災害は、海外への足を遠のけます。昨年では新潟震災の翌日からパタッと電話が止まりました。同じ日本人が苦しんでいるのに自分たちだけ楽しんで来られないという気持ちなのです。そうした日本人の感覚を私は好きです。戦争や災害がなくなり、各国の芸術を身近に楽しめる世界になって欲しいです。

一九五九年、東京生まれ。日本航空株式会社入社。スチュワーデスとして活躍。八一年、フジテレビ『なるほど！ザ・ワールド』のレポーターに抜擢され世界を広げる。その後、「芸術と触れる旅」を提供する仕事を思いつき、会社を設立。夫と小学生の一人息子の世話も完璧にこなし、自らも輝いている。

「つまらないものですが」を英語で

（平成十七年十一月号）

神奈川大学経営学部教授　田中《たなか》則仁《のりひと》

今から四十年ほど前、東京の公立中学校に通う私は、アメリカ人中学生との交流会にどきどきしながら参加していた。自己紹介が終わりプレゼント交換になった。半日かけて選んで持参した小さなピンバッジを同年代のアメリカ人少年に渡しながらハタと困った。「つまらないものですが、受け取ってください」は英語でどう言うのだろうか。「こんな表現、教科書で習っていないな」ほんの一瞬のことではあったが、自分の気持ちを正確に表現できないもどかしさが残った。「英語ができるようになりたい」と思い立った瞬間であった。今ならさしずめ、海外旅行でうまく意思疎通できず、もどかしい思いで帰国した日本人が英語を勉強しようと思う〝成田決意〟に相当するのだろう。多くは三日坊主に終わる。私は中学の英語の先生に尋ねた。「先生、つまらないものですがどうぞって、英語で何と言うのですか」先生の返事は今でも覚えている。〝I hope you like it.〟「それでいいんですか、なぜ」との私の問いに先生の返事は明確だった。「君が一所懸命選んだピンバッジでしょ。だったら気に入ってもらえたら嬉しいという気持ちを素直に表現すれば良い」その時おぼろげながら、価値観を理解して表現することの重要性を感じた。

ニクソンショックと英語

一九七一年八月、高校二年生になっていた私に第二の英語開眼の機会が訪れる。新聞では連日「アメリカに端を発したニクソンショック」を報じていた。その洪水のような記事の中、私が目をとめたのは記者の小論であった。「戦後最大の国際通貨危機の今、日本から通貨会議に参加し、高度な専門的内容を理解し、英語で交渉できる日本人は大蔵省顧問の柏木雄介氏一人である」との記事である。高度成長を果たしても人材をなかなか輩出できない日本の現状を記者は嘆いていた。生来単純な性格の私は早速、「これだ、自分の進むべき道は英語を駆使して、行動する研究者になろう」と、三年ぶりに決意を新たにした。この柏木氏は後に東京銀行会長を務めた国際金融界の重鎮で、ご自身帰国子女であり、東大時代から英語の達人として知られた方とのこと。大それた目標であった。

それでも受験生の特権で、各種英語の参考書は手元にある。そこで駿台出版『基本英文700選』、伊藤長十著の文例を片っ端から丸暗記した。通学電車でも日英対訳形式の本をひたすらブツブツ言いながら暗記に勉めた。後に私が外国で講義や講演をする際、話す内容は国際経営であっても、文章はこの700選の単語の入れ替えのような気がしている。この方法で養われたのは、日英の対訳を考えなくとも瞬時に言えるようになったことである。会話は言葉のキャッチボール。言いたい内容を直ぐに返せないと遅れてしまう。そのもどかしさを何としても払拭したかった。もっともこの丸暗記法、大学の英語教授法を専門とする研究者による評判は芳しくない。時間の無駄で労多くして効果少なしと。ただし、私には効果的だった。一人ひとり自分に合った学習方法を見つけるしかないのだろう。

耳が良くて、恥知らず

現在、JICA（独立行政法人国際協力機構）やAOTS（財団法人海外技術者研修協会）の招きで来日した研修生に、日本経済や日本企業の経営について講演する機会がある。彼らと接していると、実に多様な英語が交わされていることを知る。その中で一つ共通項がある。英語のネイティブが自分も含めて一人もいないこと。典型的な日本人である私は、日本語が国際語であったらどんなに楽なことかと常々思う。でも現実には世界で十億以上の人が英語を話し、英語を使って仕事をしている。しかもその過半数は母語が別にあっての英語である。こうなると発音や文法が多少おかしくとも、とにかく大声で言った方が勝ちである。先日も在京オマーン国のアル・ザラーフィ大使とこの話になり、全くその通りと意気投合した。国際語としての英語を駆使するには、耳が良くて、想像力をもって文法の間違いを補正し、恥じることなく大声で自説を主張するに限る。

価値観の違いに寛容になる

自説を主張するというと、奥ゆかしい方々の顰蹙《ひんしゅく》を買いそうだが、国際間でのやり取りでは自分の考えをきちんと表明することが肝心である。もう一つ、阿吽《あうん》の呼吸はもう日本でも死語になりつつあるが、これで相手の価値観を尊重するといい。国により、民族により、そして宗教により大切に守っているものは異なる。文明には進歩の度合いで差はあるものの文化には差はない。どの文化も同等である。異なった文化の中で育まれた価値観には常に謙虚であり、敬意をもって接したい。異文化間コミュニケーションの基本は、異なる文化への尊敬と寛容さである。自分の文化に自信と誇りを持つと同時に、初めて接する文化や習慣には特に優しくありたい。国際紛争が頻発する現状ではあるが、私達のコミュニケーション力を高めることで、価値観の違いを超えた人と人との絆を確かめることがコミュニケーターの役割であろう。

一九五四年、東京生まれ。慶應義塾大学経済学部卒業後、上智大学大学院経済学研究科にて修士課程修了、博士課程単位取得満期退学。財団法人貿易研修センターにて専任講師、助教授。八九年、神奈川大学経営学部助教授、九五年、同教授として現在に至る。八八年、国際交流基金派遣教授としてフィリピン・マニラのデ・ラ・サール大学、九二年、フルブライト客員教授としてアメリカ・カンサス大学経営学部で国際経営論担当。

チェスで広がる世界

（平成十八年三月号）

社団法人国際フレンドシップ協会 事業部次長
高橋《たかはし》 孝毅《たかよし》

中学生のときに偶然目にした英語の雑誌、リーダーズダイジェストを親に頼んで購読し始めたのが私と海外との付き合いの始まりでした。当時、英語の内容をすべて理解する力は当然ありませんでしたが、見出しや絵を中心に一通り頁をめくり、自分の知らない世界に思いをはせていました。その記事の中に「ギタリストになるにはスペインの音楽学院で」というのがあったのです。その頃、町の楽器店のショーウインドウに飾られていたギターがどうしても欲しくて、何とか買ってもらうと、もう私の心はスペインへ飛んでいました。その思いを実現するべくまずはスペイン語を勉強し、その後、念願のスペイン行きを果たします。

ギタリストを断念

ある程度言葉を勉強しましたので、大きな不安もなくスペインに渡ったのですが、到着したその日に大きな出来事がありました。予め手続きをして与えられた学校の寮が女性専用だったのです。申込書には確かに男女の欄もあり間違いなく記入しました。スペイン語では「o」

で終わる名前は基本的に男性（ちなみに、「a」で終わる名前は女性）なので、「i」で終わる私の名前を男性ではないとしたのでした。私は良かったのですが、結局、違う宿舎を紹介してもらい落ち着くことができました。今、思えばよく交渉したものです。そのときに、何でも自らが動いて主張していかなければならないということを身をもって学びました。

大学に入学すると同時に、ギターの個人教授にも通い始めました。プロの先生との一対一のレッスンは緊張感もありましたが、心から嬉しい時間でした。何と言ってもその音色が好きでした。しかし、練習をすればするほど、プロへの敷居の高さを知りました。そして一年が経ち分かったことは、才能ももちろんですが、プロのギタリストを目指すなら、もっと小さな頃から始めなければならないということでした。大きな挫折です。とはいえ、スペインに一年もいると考え方が楽天的になります。まずはここでの生活を充実させて大学を出てから次を考えようと思いました。

大学での学生生活

大学での生活で何よりもの収穫は、ヨーロッパ各地、そしてアメリカからの留学生が来ていて、スイス、オランダ、イギリス、ドイツ他、それぞれに文化や言語の違う友だちができたことでした。言語学科ではスペイン語や言語学を学び、スペイン絵画のクラスでは、近くにあるプラド美術館へ通い、展示された絵の評論もできるようになりました。こうして大学の授業とギターのレッスンの日々、そして実は友だちを一番増やすことができたのはチェスだったのです。

日本でスペイン語を習っていたときに、将棋が趣味と話すとスペイン人の先生に「日本では将棋だろうが、スペインではチェスができるといい」と言われ、その先生とチェスに親しんでいました。あとで知ったのですが、その方はスペインの教会で有名な神父でした。日本の碁・将棋会所のようにヨーロッパには数多くのチェスクラブがあり教会で運営していることもあります。大学三年生の頃には複数のチェスクラブに所属して試合にのめり込んでいました。その成果があってか、在学中にマドリード・チャンピオンにもなることができました。学校の休みにはスイスやドイツの友だちを訪問し、気軽に公園でチェスを楽しんだり、教会の前で高さ一メートルもあるコマを動かして試合をしたりと、言葉は通じなくてもチェスという共通言語で市民の中に躊躇もなく入って行けました。

チェスは紳士淑女のスポーツ

仕事に忙しく、今では国内外の公式戦に出る機会はありませんが、一九九〇年のチェス・オリンピックに日本代表チームの一員として出場したときには、当時のスペイン・チャンピオンやヨーロッパのチェス仲間にも出会え、チェスを通じての人の繋がりを改めて実感できました。ここ数年はコンピュータのネットチェスで世界中の友人とチェスや会話を楽しんでいます。欧米には多くのチェスサイトがあり、そのチェス人口に驚かされます。国をあげて取り組み、企業や地元の支援が得られる欧米のチェス界ですが、日本ではそれは期待できません。それでも日本チェス協会には三百人を超える有段者がいて、中、高校生の優秀なプレーヤーも出ています。

私のスペインの友人は日本のチェスサイトが好きで、全く日本語が話せないにもかかわらず、楽しく試合をしています。日本の人は礼儀正しくて気持ちがいいと言います。日本語が分からず黙ってチェスをしていた友人に「挨拶をした方がいいよ」と片言の英語で話し掛けて、日本語を教えてくれたのは北海道の中学生だったそうです。趣味一つあれば言葉を越えて、世界中に友だちを作り交流することができるのです。礼儀正しい日本人が世界中に羽ばたいて欲しいと思います。

一九五七年、岩手県生まれ。スペイン国立マドリード大学言語学部を卒業後、在ラス・パルマス日本国総領事館に三年半勤務。約十年のスペイン滞在後帰国し、スペイン語講師を経て、外務省の外郭団体にて国際研修業務、海外派遣・招聘業務に携わる。現在、社団法人国際フレンドシップ協会事業部次長。チェスの世界ランキング（FIDE）をもち、七九年にスペインのチェス・チャンピオンを破り、日本のチェスプレーヤーとしてスペイン新聞紙上を騒がせた。

ミャンマーを世界一に

（平成十八年五月号）

留学生　マ・メイ・ティン・テッツ

人前で話したりすることが苦手な私が日本語学校のスピーチコンテストに出場するとは、思ってもみませんでした。日本の大学に入るために来日し、まずは日本語を勉強し始めて半年過ぎたとき、二〇〇五年二月に第一回日本語学校合同スピーチコンテストが行われました。そのときは観客として参加したのですが、ミャンマーからの留学生が一人もいないので、残念に思い、恥ずかしがってはいられない、私がミャンマーのことを日本に広めなければいけないと思いました。

私の応援団

日本語学校の二年目になり、日本では週に二十八時間はアルバイトができるので、私も学費や生活費のために働くことにしました。一ヵ月位ずつ何ヵ所かで仕事をしました。そして昨年十月からずっと働いているのが、てんぷらと和食の家庭料理のお店です。店長と奥さんがいて今では「私の応援団」です。本当に両親のように私の面倒をみてくれます。私が風邪を引くと「好き嫌いばかりしているからよ」と奥さんは薬をくれ、店長は「好きなものを食べなさい」と、私に好きなものを食べさせます。土日には一緒にどこかに行こうと誘ってくれることもあります。店長は皿洗いで荒れた私の手を見ると、「自分がするから」と言って、私に代わって大変な仕事をしてくれます。そんな姿を見ると、言葉には出さなくても、深い愛情を感じます。

応援団と言えば、もう一人、そのお店に毎日食事に来るおじさんがいます。私がアルバイトをしながら日本語の勉強をしていると知り、ミャンマーという暑い国に比べ、日本の冬は寒いからと言って、靴下をもってきてくれたり、大学の入学に際しても頑張るようにと気にかけてくれました。本当の両親や祖父のように、いつも私に親切にしてくれます。ミャンマーの家族とはもう一年半も会っていませんが、こんなに素敵な日本の家族がいることを嬉しく思います。ミャンマーの父母にも電話で様子を話すと安心してくれました。

第二回スピーチコンテストは今年の二月でした。準備のときに、ミャンマーのことを話そうと思い原稿を書き始めました。でも、まず皆さんに伝えたいことを思うと、どうしてもこの応援団のことになってしまいます。それで、スピーチのタイトルは「私の応援団」と決めました。

情けは人のためならず

今、日本では人を傷つけたり、親子で争ったりという悪いニュースがでていますが、こんなにやさしい日本の人がいることを私は知っています。それを留学生の仲間にも伝えたいのです。一生懸命頑張っていると、その姿を見てくれている人は必ずいて、そして人に親切にしていれば、それは必ず自分に返ってくるのです。私は仏教の国、ミャンマーのことを、初めて海外に出てますます好きになりました。小さな頃からミャンマーでは人には親切にしなさい、困っている人を見たら助けてあげなさい、と言われて育ちました。困っている人を見たら、自分の血や心臓をあげるくらい親切にしなさいと、ミャンマーの両親は子どもたちに言います。そうしたことを私は守ってきたので、今、日本でこんなにいい人たちに会えたのだと思います。日本のことわざ「情けは人のためならず」、は本当にそうだと思います。

日本に来ている留学生の中には、一人で思い悩んだり、お金がなくなってしまい、途中で帰ってしまう人がいます。そんな人たちに、もっと日本のいいところ、いい人たちに出会ってもらいたいのです。これまで自分がいいことをしていたら、必ず神様はそれを見ていて守ってくれると思います。みんなで頑張ろうって伝えたいです。

ミャンマーが好き

私の夢は経済の勉強をしてミャンマーで会社の運営をすることです。世界中の国々と輸入や輸出をしてミャンマーの経済をよくして、日本のように発展させ世界一にしたいです。この夢は高校生のときに出会った先生から会計の勉強を学び、思いはじめました。世界中の国々と接したいと思ったのは、父が船会社に勤めていたお陰です。私が小さい頃、父は色々な国に行く仕事だったので、私も世界中のどこへでも行ってみたいと思ったのです。

私の夢を知ってシンガポールにいる母方の叔父と叔母の後押しもあり、日本に来ることができました。そして日本が好きになりましたが、同時に改めてミャンマーのよさも知りました。日本には古いお寺や建物がたくさんあります。でもミャンマーには日本よりもっと古いお寺、それも金色に輝くお寺がたくさんあります。山も川も湖もとてもきれいです。これから私たちが少しでも努力して国のために頑張れば、きっとミャンマーは世界一になれると思います。

そのためにもまずは、今は辛いこともあるけれど、元気で勉強を頑張って四年制大学に編入したいです。そして夢がかなったら、今度は私が二人の弟の面倒を見て大学にやり、皆でミャンマーをよくしていけたらと思います。

一九八三年、ミャンマー連邦生まれ。地元ボタタウング（Botataung）の高校を卒業後、東ヤンゴン（East Yangon）大学経済学科卒。二〇〇四年十月に来日、アークアカデミー日本語学校で一年半、大学受験に必要な日本語の習得を終え、〇六年四月、山村学園短期大学コミュニケーション学科に入学。現在、四年制大学編入を目指して勉学に励んでいる。ミャンマーには両親と弟が二人の五人家族。

伝統と近代のはざまに「揺れる」

（平成十八年七月号）

四日市大学 助教授
山本《やまもと》 伸《しん》

五年前、三十八歳のときに家族のために四日市（三重県）に家を建てました。妻の好みに合わせたヨーロピアン調の一階、私の趣味でニューヨーク風の二階、そして三階はバリ島です。庭には和歌山県・熊野詣の地であり、昨年、統廃合で地図から名前の消えた富里という村の自然を再現しました。木造建ての決して立派な家ではありませんが、今、私が一番に大切に思っている家族四人の生活の場です。富里には小学校卒業まで暮らしていました。山と川、自然に囲まれた何もないところです。幼い頃の私はその地を嫌い、また、両親も先行きを考えて、家の山の木を切って一番近い田辺市に家を建てました。幸いにも、今では当時の嫌悪感はすっかり消え失せ、富里はわが心の拠り所として最も大切な場所になっています。

根っこをもって生きる

なぜ、ここまで生まれ故郷を愛するようになったのか。それは米国・コロンビア大学への留学がきっかけです。過疎の村とは対極にある世界一の大都会、ニューヨーク。その違いは歴然としていました。でもそこで二年過ごすうちに、私は逆に故郷の大切さを身をもって知りました。当時、黒人文学に興味をもって研究をしていた私は、実際の彼らの生活に触れたくてハーレム（百二十五番地より北側。以前は黒人街）の近くに安アパートを見つけ住むことにしました。そうした環境で出会うニューヨークの人々は、そのほとんどが様々な国、地域からやって来た人たちばかり。それぞれに自分の田舎、つまり根っこを持っていて、確固たる独自性と故郷愛がありました。彼らを知るにつれ、徐々に自分の生まれたところへの愛着が生まれました。大自然に抱かれたかけがえのない場所だったなと。実は、息子の将来のためにと町に出た両親でしたが、一線を退いた今は、またあの山深き富里に戻り暮らしています。そこへ季節ごとに小学四年と一年の娘と息子、そして家内とともに帰るのが、私たち家族の一番大切でもっとも楽しい年中行事となっているのです。

子どもたちはこの山村の自然にすぐに打ち解け、大いなる興味を抱いて、大人が思いもよらない遊びを工夫します。不思議とお菓子を欲しがりません。目をキラキラさせながら、時の経つのもお腹が空くのも忘れて遊ぶのです。

カリブ的「揺れ」の美学

ニューヨークは多民族の集まる地で、いかに人種が混在して暮らしているかを身をもって感じることができました。当初は黒人文学を研究テーマにしていたのですが、そこが起点となり、カリブと出会います。カリブには黒人他、さまざまな人種がいて、時に確執が生じ、時に協調しながらそれぞれの独自性を保ち暮らしています。そこには、わが故郷、富里と共通する自然もあります。カリブは「揺れ」つづけています。それは異人種間の横揺れと、伝統と近代のはざまの縦揺れを意味します。私はその〝揺れ〞をそのまま美学だと思えるのです。異なるから反駁《ばく》しあう。異なるけど協調する。縦横の差異によって生み出されるこのカリビアン・ダイナミズム（カリブ的多様性）こそが、人間本来のあり方を問うための原動力となっているのです。そうしたカリブの研究をする中で、〝普遍性は独自性の追求から自ずと生まれる〞という私の持論は確固たるものになりました。

日本の子どもたち

子どもはとてつもない可能性を秘め、ただその動きを追っているだけでも楽しくてたまりません。にもかかわらず、ここのところ悲しいニュースばかりが日本中を走り、子どもたちの悲鳴が聞こえてくるようです。

ニューヨークに住んでいた頃、私もまさに九死に一生を得る体験をしました。ハーレムに住んで二年目、当然、大金は持たず言動も控えて四六時中注意を払い暮らしていました。ただし、一度だけ過ちを犯したのです。エレベーターで顔見知りになったヒスパニック系（中南米のスペイン語圏から米国に渡ってきた移民とその子孫）のポパイにでてくるブルートを思わせる百三十キロはくだらない男を、その親しみのある表情につられ自室に入れてしまったのです。お金がないとはいっても、CDなど彼には〝金持ち〟に見えるものを私は持っていました。数日後にナイフを持って現れた彼は日々の食事にも困り果て、決死の思いで私に襲いかかったのです。私は首を切られ、救急車で病院に運ばれました。でも何とか死なずにすみました。最近、海外で無謀にも見える行いをする日本の青少年を見かけますが、海外へ行くときは訪問地の情報を十分に得て、そしてまずは自分の身は自分で守るということを肝に銘じておかねばなりません。

日本は安全かつ裕福で便利な国です。それはとてもいいことなのですが、子どもたちにとっては、必ずしもいいとは言えないかもしれません。なぜなら、社会不安や貧しさや不便さによって得られる〝学び〟がないからです。

そんな子どもたちに、カリブの研究と私自身の〝揺れ〟を通して得た人間哲学を、なんとか提供できないものか。夏休み、神々の棲む熊野の山懐で〝本物〟の田舎生活をして、山と川と里を思う存分味わう〝わんぱく学校〟なるものを目下検討しているところです。

一九六二年、和歌山県生まれ。八四年、立命館大学卒業後、静岡大学大学院に進学。大学院の研究の一環で米国・コロンビア大学に留学。帰国後、静岡大学の修士取得。現在、三重県・四日市大学助教授。数少ないカリブの専門家。著書に『カリブ文学研究入門』、共編著書『世界の黒人文学』他多数。IFA主催「ジュニア大使友情使節団」の団長も務める。バレリーナの妻と小学四年・一年生の長女、長男の父。

人生、折り返しから始まる

（平成十八年九月号）

独立行政法人国際協力機構 元シニア・ボランティア
中田《なかた》 秀光《ひでみつ》

つくづく私は時間のかかる人間だと思う。自らの夢、そしてやりたいことに気づいたのが五十歳になってから、実際にそれを手にしたのはその十年後だった。小さなときから引っ込み思案で人に褒められても泣きべそをかいていた。女の子と面と向かって話すことも避けるような子だった。親や学校の期待に沿い与えられた道を無難に進んだ。大学も就職も親の意向を加味し一般にいいとされるところに落ち着き、故郷の北海道を離れ東京に移り住んだ。企業でも配置された部署で最大限、自分のできることをやり、仕事以外は宴席と接待ゴルフといった具合、趣味らしきものもなかった。流れるまま進んできたような人生だが、唯一誇れることと言えば、コツコツと努力を惜しまず勉強するところだ。そんな私が今、海外の教壇で日本語を教えている。これまでとは全く言っていいほど違う自分を楽しみ異なる人生を歩んでいる。

知らぬ間に思っていた海外

海外旅行も二十四歳のときに初めてという私が、なぜ人生の折り返し点で海外で活動なのか。思えば最初の外国人との接点は文通だった。小学六年生の時、ある雑誌で海外の子どもが日本人の英語ペンパルを募集しており、申し込むと、セイロン（現スリランカ民主社会主義共和国）とフィリピンの女の子から手紙が届いた。その後、十年近く頻繁ではないものの文通が続いた。英語教室に通ったのもそのころだ。そして大学生のときにセイロンのペンパルの父親が仕事で日本に見えて、お会いして短いながらいい一時を過ごすことができた。学校の英語のできはよくなかったが、文通のお蔭か、その父親との意思疎通は案外スムーズにできた。

会社では英検を受ける機会があり、これには進んで勉強し取得した。定年後は自らの意思で進む道を決めようと思い、それが海外での活動になったのは、あながち突飛なことでもなく、こうして時間をかけて続けた海外や英語との付き合いが実を結んだのだ。

次に自分に何をできるかを考えたとき、企業内研修で講師を務めたこと、つまり「教えること」がすぐに頭に浮かんだ。そして海外で教えるなら、日本語、日本文化となった。小さなときから自分で言うのもおこがましいが、丁寧な日本語を話していた。これは両親から学んだこと。そして日本固有の文化、謡やお能、昔ながらの唱歌も好きだった。それらを海外で紹介したいと思った。

新たな文化との出会い

何をやりたいかが決まるとあとは企業で培った情報収集力と行動力が物を言った。まずは、日本語教授法四百二十時間の学習のための学校選び、日本語教授に関連する各種参考図書の読破、その後、仕事の合間に週三日、三時間の日本語教師養成講座の授業。その間、実践が足りないとわかり、神奈川県横浜県民センターで留学生に対するボランティアでの日本語教授を土、日に行った。時間はかかったが着実に自分に不足のものを認識でき、次へのステップも見えてきた。学校で習得したことを実践の場で活かすためには日本語教育の専門家としての更なる勉学、大学院入学が視野に入ったのだ。予備校にも通い大学院に入学できたときには五十八歳になっていた。入学してからも勉強は大変だった。そして六十歳の定年と同時に修士課程を修了することができた。やると決めたら何が何でもやりとげるという「コツコツ」の成果だと思う。大学院の二年間には実践の必要から語学学校の非常勤講師として「ビジネス日本語」も受け持った。正直、会社と大学院そして日本語学校の掛け持ちは本当に辛かった。妻や三人の娘との時間もほとんど取れず申し訳なかったが、必死で頑張る私を応援してくれた。

この日本語教師になる過程は、またさまざまな外国の留学生との出会いにもなった。中国、タイ、ブルガリア、フランス、ブラジルと、それまでの人生で直接話すことなど考えられなかった人々と語り合い、文化の違い、同じ人間としての共感も分かち合えた。院の同期生の中でも特に年が上なこともあって、相談を受けることも多く、人生の相談役のような役割も果たせた。

言葉は生き物

定年退職して三ヵ月後には幸いにもＪＩＣＡ（独立行政法人国際協力機構）日本語教師としてブラジルに赴任することができた。二年間の任務で学んだことは、日本語を教えるには自分の専門をもつということ。私の場合は「ビジネス」と「日本伝統文化」としたが、それら知識をより深める必要性を感じた。日本語教師を目指してから自宅近く、神奈川県鎌倉の能面師の先生に弟子入りし、能面を打つ（「彫る」の意）ことも始めた。今後、それも日本語教授に活かしていきたい。また、海外では日本の若者文化も興味をもたれている。自分では使わないが若者言葉や流行ごとも知識に入れ、日本、そして日本の心を世界の日本語学習者に伝えたい。言葉は生き物、それを教えるために日本語教師は敏感に世の中のことを捉え、日々勉強だと思っている。

一九四四年、北海道生まれ。六八年四月、第一生命保険相互会社入社、二〇〇四年三月同定年退職。その間、〇二年三月、ＮＨＫ主催「日本語教師養成セミナー」修了、同年四月、東京学芸大学大学院教育学研究科入学、〇四年三月、同修了（教育学修士）。〇四年六月、独立行政法人国際協力機構（ＪＩＣＡ）日系社会シニア・ボランティアとしてブラジルに赴任、〇六年六月帰国。八月には大連交通大学の日本語教官として中国に赴任。

サッカーは世界共通の文化

（平成十九年一月号）

財団法人日本サッカー協会 名誉会長
岡野《おかの》俊一郎《しゅんいちろう》

一九五三年（昭和二十八年）に初めて海外に出ました。サッカーのユニバーシアード（全世界の学生の総合競技大会）に日本代表選手としての遠征です。二十一歳でした。開催地は西ドイツでしたが、サッカー協会役員の大英断で、選手の教養と人格形成のためにとフランス、スイス、イタリアでのゆっくりとした滞在日程も含め八ヵ国四十日間の旅でした。各国の査証取得や予防注射にも今では考えられないほどの時間を要し、飛行時間も五十時間、費用は初任給が八千円というときに四十万円の飛行機代という高額、そのほとんどが自己負担です。東大ＯＢの支援を受けて参加できたのは本当に幸運でした。

サッカーショック

初めての海外では別にカルチャーショックはありませんでした。パリもスイスのユングフラウもイタリアのオペラも前もって情報を入手していたので、その場での驚きはなかったのです。そして訪問したどのヨーロッパの国でも人は同じでした。サッカーボールを蹴るだけ

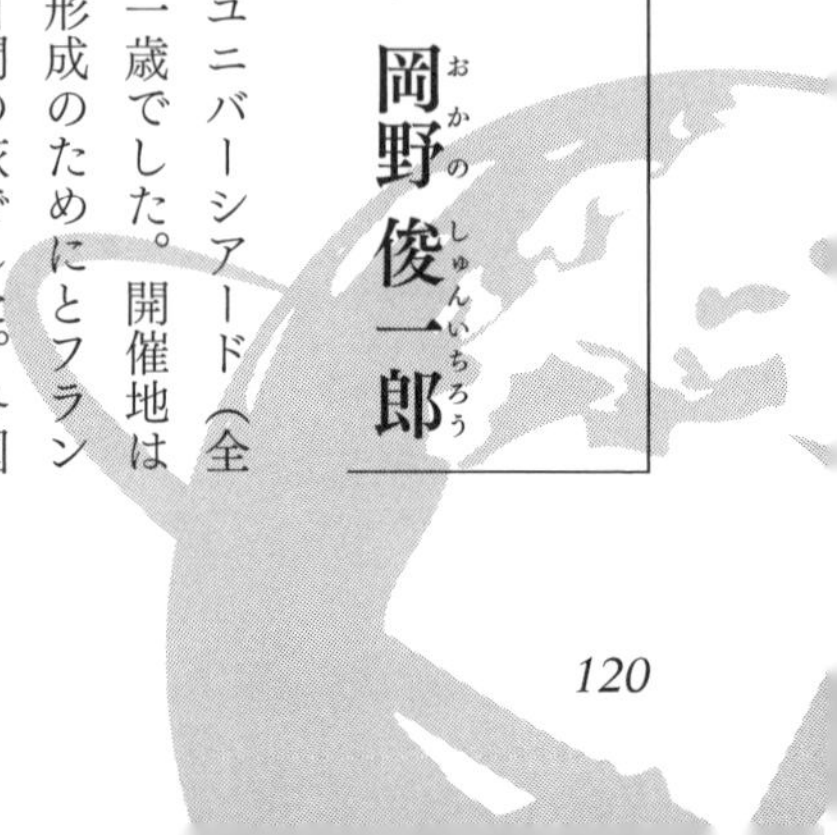

で友だちになれ、行く先々の町でサッカー選手ということで日本人学生の私にも市民はサインを求めてきました。サッカーが生活に浸透しそこには人種の壁も言葉の壁もなかったのです。

スウェーデンでの試合は散々でした。九対0の大敗。翌日の新聞はどの紙も一面トップ記事で飾られていました。スウェーデン語なので読めないため、「一九三六年云々」というところを通訳に尋ねると、「ベルリンオリンピックの復讐なる」との歓喜の記事でした。私が生まれて五歳のころに日本のサッカーチームが三対二でスウェーデンに勝っていたのです。その敗戦の無念さをスウェーデン国民が忘れないという。ヨーロッパのサッカー人気の浸透と歴史の重さ、そして初めての遠征での大敗に、カルチャーショックならぬサッカーショックを受けたのでした。

語学は現場で

中学一年のときから英語を習い始め、戦中も英語の授業がある学校でした。とはいえ、英語はあまり得意ではありませんでした。実際に話すようになったのは、六一年に日本ユース代表監督として海外遠征に行ったとき、その後日本代表コーチをしているときに、通訳を一人連れていくよりも選手を一人でも多く参加させたいと思ったからです。事前の手紙によるやりとりから、現地での話し合いの場で、いやおうなく英語を使ったのです。

最初の留学は一九六一年の冬。その前年にドイツのクラマーコーチが来日し、ドイツ語にもかかわらずコーチ兼通訳を務めました。そのことがきっかけで、翌年にドイツに来るように誘われたのです。約二ヵ月でしたが、サッカーコーチとして一九五四年のワールドカップ優勝のヘルベルガー監督の教えを受けました。クラマー氏のお母さんには本当によくしていただきました。大戦でクラマー氏の弟を亡くしたので、私のことを息子の生まれ代りのように思い「マインゾーン（私の息子）」と言ってかわいがってくれました。外国語を話せるようになりたいと思ったことはなく、こうして現場で必要に応じて鍛えられたわけです。

さまざまな国の人と出会う

サッカーを続けてきたお蔭と、多分、家業があったので頼みやすいと思われたのか、国内外の団体の役員を引き受けてきました。どれも自分からやりたいと申し出たものはありません。頼まれるままやってきたのです。先日もＩＯＣ（国際オリンピック委員会）の元役員が来日した折に関係の者たちが集まったのですが、彼は日本の記者に私を「ＩＯＣの中で唯一自分で運動をせずに委員になった人」と紹介していました。また世界の二百五のオリンピック委員会の合体であるＡＮＯＣ（エイノック）という組織もその立ち上げから理事に選出され、二十八年やっています。国内では全国ラジオ体操連盟の会長も務めています。お蔭で国や年齢を超えて多くの人と自然と接し出会うことができました。

最初に出会った外国人もサッカーがきっかけで、スウェーデンのヘルシングボリューの一九五〇年来日時でした。関東選抜の学生チームの一員として指導を受けたのですが、そのときに同行してきたイディロットブラデット紙の記者、リーベリー氏とは五十年来の友人です。好きなスポーツには水泳とスキーがありますが、これらは自然とかかわるスポーツ。サッカーは人間関係のスポーツです。思えば、東大の医学部コースに入学したのですが、蛙の解剖をしたときに、この道は進めないと思って文転、サッカーを中心に生きてきた楽しい人生でした。

一九三一年、東京生まれ。都立五中（現小石川高校）を卒業後、東京大学理科II類に入学、サッカー部に入部。五七年卒業。幼い頃より水泳、野球等スポーツに才を現し、大学一年のときからサッカーのレギュラー選手となる。六四年の東京オリンピック、六八年、メキシコオリンピックに日本代表コーチとして参加。七〇年、日本代表監督就任、七四年、日本サッカー協会理事に就任、九八年会長となる。その間、国際オリンピック委員会（IOC）の委員、FIFA（国際サッカー連盟）のワールドカップ組織委員に就任。二〇〇二年には東アジアサッカー連盟を創設、初代会長に就任。創業百三十三年になる和菓子屋「岡埜栄泉」の社長。

パラオの自然の中に生きる（平成十九年七月号）

パラオ共和国 上院議員　アラン・シード

幼いころから、パラオのリーダーになると心に決めていました。世界の英雄たちの本、例えば、アレキサンダー、ナポレオン、リンカーン、そしてキング牧師やジンギスカンなどの本は何度も読み返しました。パラオを冠たる国にするには、リーダーが必要だと思ったからです。そして、それになるのは自分だと思っていました。決しておごっているのではなく、愛する国をよりよくするためにです。

最初の外国人は父

アメリカ人の父がパラオに来て、パラオ人の母と結婚、そこに生まれたのが私です。そう、私にとっての最初の外国人は父だったのです。父はユダヤ人で第二次大戦のときにアメリカからカナダに移住し、カナダ海軍に入ります。船が好きで一度立ち寄ったパラオをこよなく愛し、パラオでの仕事、船会社を設立します。悲しいことに私が八歳のときに船で海に出て帰らぬ人となりました。父のことが書かれた本が出版されていますが、パラオのために尽くした外国人です。そのころから私はこのパラオを発展させるために生きたいと思うようになりました。

十三歳のときに父のアメリカの親戚を頼ってサンフランシスコの中学校に留学します。志は高くても、まだ子ども、寂しくて何度も枕を濡らしたのを覚えています。でも頑張りました。そのまま上の高校に進学し、高校三年になるときには外国人で初めてトップの成績を修めるまでになりました。その時、私はパラオに帰る決心をします。先生や同級生からは、なぜ今、帰るのか、首席で卒業してからにするべきだと引きとめられましたが、私には確固とした思いがあったのです。パラオのリーダーになるには、パラオの高校、そして大学を卒業しなくてはならない、という思いです。またパラオには幼い私をいつも優しく面倒みてくれた曽祖母、メリーンが九十八歳という年齢で私の帰りを待っていたのです。メリーンは百五歳で亡くなりました。その七年間は私にとって至福の日々でした。

日本の文化に傾倒

パラオの高校を卒業し進学や就職のことも考えましたが、メリーンの元を離れることはできませんでした。それでも仕事は自然と私のところに来るようになりました。大学を出た人たちよりも私は英語ができ、政治、経済の知識があり、いつのまにか通訳や翻訳の依頼が次から次とありました。海外から来る議員や学者など賓客の通訳も私以外にできる者はいない状況でした。そうした方々との出会いは私にさまざまな国、そして文化を知る機会を与えてくれました。

海外の文化の中で私が一番好きなのは日本文化であり日本人です。六、七歳のころだったか、沖縄の漁業の会社が百人もの日本人を連れてパラオに滞在したことがありました。皆、親切な人たちで私は、その人たちと接する中で空手やゼロ戦を知ります。日本の人でも知らないようですが、ゼロ戦は素晴らしいです。私にその話をさせたら何時間にもなります。中島知久平《ちくへい》が作ったのですが、彼は農家の息子として生まれ、海軍に進み大尉になりますが、辞めて中島飛行機会社を設立、議員にもなった人です。ゼロ戦は飛行距離が長く、日本からパラオにノンストップで来るという快挙を成し遂げています。戦後、パラオに日本航空が直行便を就航させましたが、「パラオに初めての直行便です」と言う日本人に、即座に私は、「いいえ、ゼロ戦の方が先です」と言って驚かせたのです。

日本の文化は戦前からパラオに根付いており、例えば、「さしみ」、「しおから」といった言葉や食べ物はパラオでは誰もが知っています。また年寄りが言う日本人の良さは、まずは、忍耐強い、そして良く働き、正直。また、地域に尽くす心があり、「勤労奉仕」という言葉も残っています。そうした地域社会を大事にする考え方は、今の私の政治の方向にも重なっています。

パラオの環境を守る

パラオ議会の推薦で私が議員になったのは三十一歳のときで、最年少でした。そのころ、大学に行きたいと思ったのですが、周りから「皆、今の貴方の職につきたくて大学に進学するが、既にその仕事をしているのに大学に行く必要はない」と言われ、そのまま今に至ります。幼いころに思っていた「パラオのリーダーになる」という思いが今、実現しつつあります。それを自慢するつもりはありません。清い心と精神をもっていれば自ずと周りから尊敬され、多くを託されます。パラオを大国にするにはまだ時間は必要ですが、パラオにはかけがえのない自然があります。この財産を守りながら観光開発をして国を富ませたい。幼いころから好きだった綺麗な海で銛《もり》を刺して捕まえる魚をその場でさばいて料理する。そんな贅沢な週末を愛する妻や子どもたちと過ごし、あとは精一杯、国のために尽くす。充実した日々です。

一九五七年、パラオ共和国生まれ。父は米国人、母はパラオ人。中学から高校二年までを米国で過ごした後にパラオに戻り、地元の高校を卒業。その後、堪能な英語を生かし、政府や議会の招く賓客の通訳を行う。八八年、三十一歳で議員となる。以来、約二十年、途中、一時期、一般企業の職にもつくが、一貫してパラオの安定と発展のために力を尽くす。現在、パラオの自然を守りながら観光発展の道をさぐっている。今年、米国の大学を卒業する長女を筆頭に、五人の子どもの父。

夢は日中合作映画の製作

（平成十九年八月号）

日比谷・松本楼 常務取締役 企画室長 小坂《こさか》 文乃《あやの》

小学校六年生のときに英国の全寮制中学校に行くことになりました。全く英語ができないにもかかわらず、何か楽しそうなことがありそうとうきうきした気持ちで、当時、アラスカのアンカレッジ経由で英国の地に降り立ちました。まず驚いたことは日本人の子どもたちは現地校出身者が多く、皆、英語が話せるということでした。不安に思う間もなく、朝七時に起床し夜の十時頃までカリキュラムされた学校生活に溶け込んでいきました。マナーやスポーツ、例えばテニスや乗馬などもカリキュラムの一環とされていました。二歳上の姉も同じ学校でしたが、夏休みや冬休みには姉は他の生徒同様自宅に帰りました。私はといえば、ほとんどその期間を日本に帰らず英国でのホームステイで過ごしました。六年間で二十家庭以上のご家庭で過ごした日々は私の宝物です。

日本にカルチャーショック

高校を卒業する時には、英国に残ることも考えたのですが、日本の大学に進学しました。

日本の大学生活でまず、カルチャーショックを受けます。皆さんよく遊び楽しく過ごされていました。また、同じブランドの鞄を持ったり、サークル活動などグループで一緒に動かれることが多いのです。私は自分の時間をもつことでこの大学生活にうまく馴染めたと思います。英国で身につけたフラワーアレンジメントを大学で知り合った友人に教えはじめたりもしました。同時に大学生活では人と人とのつながりという意味でいい学友と出会い、今でもそれぞれの生活環境が異なっても、心を通わせることの出来る友人たちです。

卒業後は英国で学んだテーブルマナーやセッティング、そして英語を活かし、英国食器メーカーの日本本社に就職しました。北海道から沖縄まで、全国各地に出張しイベントをコーディネートするという仕事で忙しい日々でした。そうした中、姉が海外駐在の銀行員と結婚してアメリカに行ってしまい、それまで自由に過ごしてきた私の人生が急に方向転換を迫られ、家業（日比谷松本楼）を継ぐことになったのです。

祖先の果たした国際交流

国際交流を考えるとき、私は母を、そして曽祖父を思います。昨年、残念ながら母は病気で六十七歳という人生を終えました。四年間の闘病生活の間も日中の民間交流に力を注いでいました。母の祖父、梅屋庄吉は生涯を通じて、中国の国父孫文を支援した人物です。歴代の駐日本国大使が赴任されると自宅にあります梅屋庄吉資料室にいらっしゃり、辛亥革命当時の貴重な資料をご覧になられます。

私はただ、母の後ろでお茶をお出しするくらいのことしかしていませんでしたが、昨年、母が亡くなり、改めて母の行ってきたこと、そして曽祖父のことを勉強しました。自らの生涯をかけて孫文を支援した梅屋庄吉は、それを一切口外しないと自ら封印し、その後、歴史上から姿を消すことになります。現在、ともすると複雑で政治的に困難な日中関係が見え隠れしますが、明治時代、長崎の貿易商に生まれた梅屋庄吉が香港で日本人として初めて孫文と出会い、純粋にアジアの将来を思い生涯をかけて孫文の革命を支援した……。曽祖父、梅屋庄吉という人物のスケールの大きさと歴史の重要な側面を担っていたということを改めて、認識したのです。

長いトンネルを抜けて

父のレストランを継ぐことになってから十五年、暗澹たる道でした。元の会社の上司から、「女性として一生涯で経験することをこの十五年で全てを終えたよう」と言われましたが、結婚、（離婚）、出産、仕事をしながらの育児、介護、そして親の死と、追われるように過ごした日々でした。そしてやっと今、自分の方向が見えてきました。長いトンネルをぬけて陽の中に出た感じです。レストラン経営も英国の経験を活かして自分なりの方向をもつようになりましたし、何と言っても中国との民間交流を進めてみたいと思うようになったのです。今年のゴールデンウイークには二十年ぶりに上海にも行きました。上海での数日は、生活、食べ物、常識などの違いを感じました。その中で、変わらないこと、それは、人と人との触れ合い、信じ合うことです。梅屋庄吉の子孫ということで、私は丁重におもてなしを受け、そこには、政治や国としての思惑などなく、同じアジアの平和を願う人同士、という繋がりがありました。中国の方は、「代々」をとても大切になさいます。私はそのお蔭で、日中の歴史の中で民間人としての大切な交流を引き継いでいるのです。これからは、気負うことなく、この「代々」を大切にしていきたいと思っています。梅屋庄吉は映画を初めて日本に紹介し財を成し、その財をもって孫文を支援しました。私は、この史実を日中合作の映画にして日中間の民間交流をより盛んにしたい、それが今の夢です。

一九六八年、東京生まれ。中学・高校と在英国・立教英国学院に学んだ後、日本に戻り、九〇年、立教大学社会学部卒。ウォーターフォード・ウエッジウッド・ジャパン社に就職、テーブルコーディネーターとして二年間活躍。九二年より父の経営する東京都日比谷・松本楼に役員として勤務し現在に至る。特定非営利法人日本フードコーディネーター協会の資格を取得し、レストラン経営の傍ら、英国で身につけたフラワーアレンジメントを教える。また、孫文を支援した日本人、梅屋庄吉は母方の曽祖父にあたり、日中間の民間交流促進に着手しはじめる。

海外で感性を磨く

（平成二十年四月号）

モデル・料理家・シャンソン歌手　伊藤《いとう》ライム

モデルになってから仕事でハワイやグアム、台湾などへはよく行きましたが、いつもスケジュールに追われてその土地を見たり楽しんだりすることはありませんでした。初めて海外を感じたのは二十歳ころにモデル仲間と出かけた八日間のパリとバルセロナへの旅でした。見るもの全てが素敵で、街角のブーケも可愛らしく作られていて食事も美味しい。何か魔法にかかったような思いでした。その後、仕事の合間を見つけてはパリとロンドンへはよく旅行しています。

いろいろな文化を楽しむ

二十三歳の時、ホームステイを経験したくてイギリスにスーツケースを一つ持って出かけたことがありました。日本の業者に紹介してもらいロンドンのホストファミリーを訪ねました。その住所の家を探し、ドアをノックすると四十歳くらいのマダムが出て見えました。名乗ると、「長期の旅に出かけなくてはならなくなったので、受けられなくなったの」と一言。

途方に暮れながらもその場では回れ右をするしかありませんでした。ケセラセラ、大らかな性格と言いますか、その場でできることをするしかありません。丁度持っていた『地球の歩き方』を開いて一番安い宿、セントポール寺院の裏にあるユースホステルに行きました。

英語は中学と高校で学んだだけでしたので流暢に話すことはできませんでしたが、持ち前の楽天的な性格と度胸でジェスチャーを交えながら、「一週間泊めてください」と頼みました。すると「まずは会員になってください。シーツは自分のを用意してね」と言われて、思わず「はい」と返事をしました。結局ホームステイ期間の一ヵ月をそこで過ごしましたが、いろいろな国の人々と出会うことができ、さながら文化交流でした。お皿洗い一つとっても、イタリア人はササッと洗ってスパゲティの油が少し残っていても平気です。一方ドイツの人はキチンと洗ってから乾かします。それを見ていた私は、いつもドイツの子の洗ったお皿を使ったのでした。同じ日本人でもアメリカから来た人と日本からの人は習慣まで違っていました。

パリで料理家を目指す

モデルをしながら六年くらい経ったときに将来を考え直す時期がきました。モデルを極めるにはスタートが遅く、背も低かったので憧れのパリでの仕事は無理だと分かりました。では何をやりたいのかと考えたとき、幼いころから四姉妹で家事を分担、姉二人は洗濯とお風呂掃除、私は大好きなお料理でした。これだと思いました。そこでパリの料理学校「ル・コルドン・ブルー」の菓子科と料理科に入学します。ベトナム、アメリカ、キューバなど多国籍の生徒十名程のクラスでした。そこでの教えはまさにカルチャーショックでした。「今日は鶏です」と言われて目の前に置かれたのは、息絶えた一羽の鳥です。その首を切り落とし内臓を取り出すことから始まるのです。魚もほろほろ鳥も丸ごと、野菜も土つきのものです。最初は貧血で倒れそうな思いでしたが、自分で選んだ道、見よう見まねで毎日頑張りました。そうしていると、生き物の命をいただいて私たちは生かされているということに気づき、料理にも心を込めるようになりました。最初の菓子部門は大雑把な私には向いていないと直ぐにわかりました。正確なグラムを測って手順どおりにしないといい結果がでません。それができるようになったときに修了テストです。そこで大失敗。課題はタルト・シトロンでした。自分では正確に作れたつもりでしたが、習ったのが四月の寒いとき、テストは六月で暑い陽気でした。タルトの命であるふちの硬さがなく柔らかく仕上がったのです。結果は最下位。首位が最後に呼ばれますので最初に自分の名前が呼ばれたときの恥ずかしさは今でも忘れません。

察知する心が大切

このテストで自分の感性を磨きその場での判断と対応、融通性の必要を学びました。お蔭様で次の料理科では自分の想像性と大胆さを活かすことができました。修了テストは子牛料理でしたが、その場で日本のバッテラ寿司を思いつき、通常、丸ごと飾り付けるところ、私は切り分けて中身も見えるようにしたのです。これまでにない発想とフランスの先生方に絶賛され、首位の称号で「メンションビアン」賞をいただきました。

帰国後はモデルの仕事で知り合ったカメラマンの夫と結婚しすぐに子どもを授かりますが残念ながら双子を死産します。その辛さを乗り越えることができたのが海外で過ごしたときに聴きながら口ずさんだシャンソンです。本格的に先生に習い始め、その後、二人の娘に恵まれました。今は、仕事をしながらの子育てですが、子どもの状況を察知する感覚は海外での生活に通ずるものがあります。何か変と思うと直ぐに語りかけたりしながら乗り越えています。今はモデル、料理業、シャンソン歌手の仕事を国内外で楽しみながらすることが息抜きとなり、子どもたちや夫との日々が返って新鮮です。

静岡県生まれ。八三年に県立高校を卒業したのち上京、モデルとして活躍。八九年、パリのル・コルドン・ブルー料理学校に留学。九〇年に帰国後、結婚、引き続きモデル業のかたわら料理家としても活動を開始する。心を癒してくれる歌の魅力に目覚め、堀内環氏にシャンソンを習い、九七年に初ステージを務める。二〇〇二年にはイタリア・サルディーニャ州政府観光局の招きにより州の劇場で国際交流コンサートを行う。以後、コンサート活動も続ける。カメラマンの夫と二娘の母。

英語嫌いでも、心は伝えられる

（平成二十年五月号）

朝日カルチャーセンター 代表取締役社長
白井《しらい》 健《たけし》

中学一年のときだったと思います。父の仕事でアメリカから来日したご一家をお世話することになり、都内見学に付き合わされました。皇居前や銀座へ行き、天ぷらを一緒に食べたりしたのですが、覚えたての英語が全く伝わらなかったもどかしさが一番の思い出です。太田道灌が江戸城を作ったことなど、言いたいことは山ほどあったのにそれを語れない。今でもあのときのことがトラウマとなり英語への苦手意識を持ち続けています。

報道で平和な世界を

父親は明治生まれで、ニュース・文化映画の仕事をしていました。大戦中は従軍カメラマンとして記録映画を作成し、戦後も映像記録の仕事を続けました。私が中学生のころ、ある日突然、朝食がパンと目玉焼き、そして紅茶に変わったのです。お腹には物足りなかったのですが外国を感じました。ほどなく、我が家の生け垣がレンガの塀に変わりました。門柱まで赤茶のレンガです。父の定年のお祝いにと、仲間が父の希望をかなえて贈ってくれたのです。庭にもバラが植えられました。そのときは深く考えませんでしたが、その後、記者となってイギリスに初めて取材で行き、街を見た瞬間、あの少年時代の謎が解けました。父は取材でイギリスを訪れたことがあるのですが、その風景に惚れ込んだのでしょう。

大学時代、私は新聞記者を目指しました。七〇年安保の前、日本を二度と戦争に巻き込んではならない、平和の大切さを伝えていきたいと思いました。あの時代の、若者の熱病のようなものです。卒業後、少し遠回りをしましたが、新聞社に就職、その後は事件取材ばかりで、海外や外国人との接点はほとんどありませんでした。

入社十九年目に日曜版の紙面で世界の花シリーズを担当することになり、年に半年間はカメラマンと二人で海外取材をしました。企画からすべて行うのですが、選んだ先は、自費では行けそうもない遠い国、ヨーロッパ、ロシア、中米、南米です。

外国の人と本音で話す

フランスで書く素材が見つからず、行き詰まったことがあります。セーヌ川沿いを歩いていると、甲板が緑でうまっている古びた貨物船が係留されていました。生活感があふれる甲板に「これは何かある」と思いました。訪ねてみると草花で覆いつくされたデッキからピンク色のセーターを着たおばあさんが現れました。通訳を介して自己紹介をし、その草花の由来を聞きます。船乗りの夫が、一隻の船を持てば一生暮らせるという当時、運河で運搬の仕事をし続け、亡くなるときもその船で看取ったことなど、色々と話してくれました。フランスには五月に「スズランデー」があり、欠かさずスズランをプレゼントしてくれたご主人。病気で入院しているときは、内緒で看護師さんにスズランの花を買ってきてもらい、お見舞いに来たご夫人にいつもどおり、その花束を差し出したご主人。話を聞きながら温かなお二人の気持ちが伝わってきました。夫を亡くしてからもその船に住み続け、スズランを育てたのです。さらには川の上流から流れてきた草花の切れ端や種を網ですくい上げてはデッキで水をやり、いつの間にか緑で覆われたそうです。取材は一週間くらいかけました。本当に聞きたかったのは「ご主人は何を残してくれたのですか」ということ。それをうかがうには、気持ちのつながりが必要です。雑談を毎日三十分から一時間。仕舞には通訳が、「いったい何を聞きたいの」と私に言ったくらいです。ある日、私はその問いを口にします。ご夫人は黙り込んだ後、「話したくない。過去を振り返らないように生きている」と声をあげて泣きました。それで十分でした。彼女の気持ちはわかったし、ありのままの心を見せてくれたことがうれしかった。

言葉を超えて通じ合う

ペルーでの十日ほどの日々も忘れられません。インカ帝国の首都クスコの郊外にある村でのことです。現地のエージェントにカンペシーノ（農民・いわゆるインディオ）の家に泊まりたいと依頼し、運良く受け入れてくれる家が見つかったのです。

　一家を紹介してくれるまではエージェントが付いて来てくれましたが、その後はカメラマンと二人、スペイン語しか話さない家族と全くスペイン語が分からない我々。今でも不思議なのですが、あの間、ご夫婦と五人の子どもたちとは心から分かり合えたのです。明日帰るという日、ご主人から、息子に洗礼を受けさせるので、パドリーノ、Godfather（儀式の証人、父親役）になってほしいと頼まれます。旅行社の人に「一生、父親として責任を持たせられるのでやめたほうがいい」と言われ、「儀式の費用は払うから」と断ると、「そんなことを望んでいない、貴方々になってほしいのです」と訴えられました。そうなると受けるしかありません。飛行機をキャンセルしその後四日間、家族とともに過ごしました。

　彼らとの日々で、人間同士、言葉は違っても人として心は通じ合えるということを確信できました。今は文化講座を主催する仕事ですが、多くの感動の場面を提供できればと思っています。


一九四六年、東京都生まれ。六九年に早稲田大学政治経済学部卒業し、一般企業に就職。その後も大学時代に志したジャーナリストへの思いを持ち続け、一年半後に朝日新聞社に再就職、記者となる。社会部、論説委員、名古屋社会部長を経て、二〇〇三年に朝日カルチャーセンターの代表取締役に就任し、現在に至る。朝日新聞日曜版、『世界花の旅』を担当し、八九年には世界各国を取材旅行した。二男の父。

平和の大切さを子どもたちに伝えたい

（平成二十年七月号）

女優・国連開発計画親善大使
紺《こん》野《の》 美《み》沙《さ》子《こ》

一九九八年の秋、一通のファックスが国際連合開発計画（ＵＮＤＰ）のニューヨーク本部から届きました。「ＵＮＤＰの親善大使になってください」という依頼でした。「ＵＮＤＰという組織も知らず、海外旅行も英語も苦手な私に、いったい何ができるのか」と悩んだのですが、本業に支障のない範囲でのボランティア活動を、とのお話で、これも何かのご縁と思いお引き受けしました。

奉仕の心を自然にもつ

ごく普通のサラリーマンの家庭で三姉妹の次女。国際協力はもとより、海外との接点などほとんどなく、あえて接点といえば、小学校四年生のとき、転居と同時に公立小学校から編入したカトリックの女子校でしょうか。カナダ・ケベック州の修道女会の教えを実践する学園で、フランス語の授業がありました。先生はとても厳しいシスターで、何も分からずボーっと窓の外を見ていて、「マドモワゼル～」と名前を呼ばれ叱られたこともありました。でも不思議なもので、そんな生活に馴染むのも早かったように思います。

初めての海外経験は、高校三年生のとき、撮影で二週間ほど行ったアメリカのロサンゼルスです。海外には漠然とした憧れはありましたが、外国の方たちと積極的に関わりたいという思いはなく、そんな私が「親善大使」を受けるに至った要因は何かと思い返すと、小・中学校の奉仕活動にあったように思います。近所の老人ホームを訪ねて話を伺ったり、掃除をしたりしていたことが、国際協力を身近に感じさせたのかもしれません。親善大使もいろいろな方々のお話を伺って、自分で見たこと感じたことを、素直にそのまま伝えればいいのだと思ったのです。

子育てと仕事、何かと慌しい時もあり、そうした中での「親善大使」の役目は少々大変だと感じることもありましたが、十年を迎えられたのは、母や姉妹の協力もありますが、何よりボランティアの公式カメラマンとしていつも側で支えてくれた夫のお蔭だと思っています。

日本の支援は頑張っている

親善大使就任前は、日本の支援は箱物が多く、成功したものもあるけれどうまくいかないものも多いなどと思っていました。しかし、実際にこの十年間関わってみて、日本の支援は着実に根づいていると感じています。農作物の指導をしている人、井戸を掘る人、農村部を回診する医師、教科書から作り指導する教師、妊婦の安全を守る助産婦、看護師を育成する看護師、通信網の技術者、学校を建設する人等々、ありとあらゆる分野で、その国に必要な支援を考えつつ、活動している日本人の方々がたくさんいらっしゃいます。シニアの方、専門家、青年海外協力隊員など、様々な問題にぶつかりながら、とにかくその国のために人々のためにと頑張っていらっしゃる。

カンボジアと聞くと、日本の支援で掘られた井戸の周りで水遊びに興じる子どもたちの姿が浮かびます。そして、その井戸を掘った、日本の専門家の方の、技術に裏打ちされた自信に満ちた笑顔。「地元の方々の『ありがとう』の一言が何よりも嬉しい」とおっしゃっていました。

日本で始まった一村一品運動も途上国で役立っています。ただ援助を受けるのではなく、自分たちの土地に合った産物を作ることで、人々の自信も生み出しているのです。

子育てと国際援助

息子は中学一年、十二歳です。同じ十二歳でも、途上国では実に様々な状況下で暮らしています。水汲みに一日の大半を費やし、そのために学校に行けない子ども。エイズで親を失った子ども。貧しさゆえ教育を受けられず、教育を受けられないために貧しさから脱却できない、負の連鎖が続いています。しかし、悪いのは子どもたちではありません。苦しい中でも子どもたちの目は輝いています。その一方で、日本の子どもは目がイキイキしていないいなど耳にしますが、それは、子どもたちに原因があるのではなく、周りの大人たちの姿勢だと思うのです。平和な世界をつくるには、環境教育や開発教育はとても大切で、それらを子どもたちに話すとちゃんと応えてくれます。今の日本では偏差値や勉強が重視されていると思いますが、「本当の勉強って何なのか」、そして「恵まれた日本に生まれた自分たちに何ができるのか」を子どもなりに考えることができるはずです。日本の良さも改めて知ることができるはずです。そうした考える機会を与えるのが大人の役目だと思います。

開発援助と子育てはよく似ていて、長い道のりかもしれませんが、根気よくいつか良い結果につながることを信じて支えていくことが大切です。そして自分のできることを続けること、私はボランティアの会や学校で話をしたりしていますが、今後、「親善大使」という役目を終えることがあったとしてもこれまで知りえたことを伝え、開発援助・支援との関わりは持ち続けていきたいと思っています。

東京生まれ。慶應義塾大学文学部卒。一九七九年に映画『黄金のパートナー』（東宝）で女優デビュー。翌八〇年にNHK連続テレビ小説『虹を織る』主演。大河ドラマ『武田信玄』をはじめ多数のドラマで活躍。『紺野美沙子の科学館』（テレビ朝日）では十五年間司会を務め、舞台『細雪』では、三女・雪子役を好演。テレビ・映画・舞台に活躍する一方、九八年に国際連合開発計画（UNDP：United Nations Development Programme）親善大使に任命される。二〇〇八年五月、『ラララ親善大使』を出版、十年間の親善大使の仕事や国際協力について、わかりやすく子どもたちに伝えている。中学生の男児の母。

アメリカ人に「和の心」を

（平成二十一年一月号）

語り継ぐ日本の心（Hidden Values of Japan）代表　横山《よこやま》 回天《かいてん》（総三《そうぞう》）

ご時勢と言うべきか、世界の五大強国や、ソ連爆撃機の名を言い当てたり、戦争になったらお母さんを守ろうと腕白同士で心配した五、六歳のころ。そんな夏、突然発症した小児腎炎で倒れ、以後四年間を絶対安静の寝たきりで過ごした。四年生の初夏、変則入学した小学校を太平洋戦争開戦の年に卒業。父の意向で入った中学校は、儒教思想のスパルタが校風だった。「文化とは」も知らずに馴染んだ正月やお盆、祭りなどなど伝統の仕来り、姉たちの針供養や千羽の鶴に託す祈り、そんな事々をこよなく美しく、優しいものと受け止めながら思春期が過ぎていった。

英会話を猛勉強

中学で出会った英語は鉛筆一つも一本か複数かと数にこだわる一方で、大統領も乞食も、男も女も区別なく自分のことは誰でもいつでも〝I〟一言の言葉に、もう一つの世界を見つけた思いでワクワクしたものだった。

そんな中で昭和十八年二月、最前線の要衝ガダルカナルは陥ち、日本の劣勢は日々に色濃く、学徒動員体制の発表に次いで学徒出陣のころは、「僕も前線へ」と心ははやった。日本必勝を信じ、「以和為貴」の日本の理想をアメリカに理解させれば日米は仲良くなれると思い込んでいた僕に、「で、お前はアメリカ人に和を何語で説くのか」との父の一言は正に頂門の一針。「そうだ。英語だ。もう一つの世界だ」、英語は敵性語としてしりぞけられ、学業も勤労奉仕や軍事教練に食い込まれがちな中学三年期、親友と二人だけの〝英語征服作戦〟は始まった。

〝作戦〟では、まず、中学全学年の教科書をかき集め、一学年の巻一から単語、文法、解釈を徹底復習。数行ずつの音読を三十回ずつ繰り返し、表現と発音を脳裏と唇にたたき込み、暇さえあれば口をもぐもぐと発話練習。勤労作業中も教練で行進中も、寝ても覚めても英語、英語に明け暮れる二人の夢は、人を信じ、礼に生きる和の知恵、やまと心をアメリカ人に説く日だった。その頃、最前線へ丸腰で物資兵員を運ぶ命懸けの輸送船乗り組みを目指しながら体格検査で高等商船学校を落ち、仕方なく、仮のつもりで早稲田大学旧制専門部に入り、学徒消防隊に配属された。きつい勤務、空腹に耐えながら、相変らず寝る間も惜しむ作戦が、一人っきりになっても続いていた。

アメリカ社会にふれて

敗戦の暮、人影も少ないキャンパスで、僕が抱えている原書に気づいてか、いきなり流暢な英語で話しかけてきた商学部の先輩は、進駐軍憲兵隊司令部の上級通訳、藤本と名乗った。「君、結構やるねえ」と微笑んで英語から日本語になった先輩に、休学して通訳をやってみろと熱心に勧められ、翌二十一年一月、十七歳、当時は鳥なき里の蝙蝠《こうもり》よろしく、僕は、米軍第三鉄道輸送司令部付通訳になっていた。司令部の将兵たちに、「家も焼かれ空き腹でボロをまといながら、日本人は何と正直、勤勉、律儀で礼儀正しい人たちか」としばしば称讃されると、「それが日本人さ」と僕は誇らしかった。

ある日、偶然再会した中学の旧友から、学費稼ぎの学生ハワイアンバンドに進駐軍クラブの注文を取ってくれまいかと頼まれた。親しい兵士（ＧＩ）の応援で大量に入手できた当時めずらしいカントリー音楽のレコードに刺激されて皆はまず三十数曲をマスター、我々はカントリーバンド（Franky Plough Boys）に変身した。マネジャーの僕は通訳の夜勤明けに、売り込みと歌詞聴き取りに頑張った。バンドは引っ張り凧になった。歌詞から学んだ開拓時代の古き良きアメリカ文化、西部訛り、味のあるslang（俗語）などの理解は、後年創始した、青少年育成事業、「ジュニア大使友情使節団」受け入れ先との交流にも大きな助けになり、大人たちも国境や世代を超えて人の輪、心の和が広まるのだった。

孤松庵回天

戦後十年、価値観の激変に和の文化ばかりか、生意気にも日本の将来が心配になり始めた。

三十歳、初詣の帰路、プレハブ住宅群で殺風景に変貌した丘に、和して同ぜぬ孤高の黒松があった。ふと〝孤松庵〟の三文字、次いで〝愛語回天〟の教えが心に浮かんだ。そうだ、世の中どう変わっても両親や先人の教え、日本の良知を大切に生きよう。時代遅れの頑固者で損をしたとて何だ。損は自分だけのことだ。

　戦争中、家族と国を守るためと信じて死んだ兵士たちの〝損〟、彼らを愛した母や妻たちは償いもない〝大損〟に生きたじゃないか。四十二歳、勤続二十年の会社を辞め、〝見返りもない〟南太平洋慰霊行脚を決意した僕を周囲は阿呆《あほう》と呼んだ。戦跡各地で僕を囲み元日本兵らを懐かしみ、争う愚かさを訴えた現地長老たちの言葉は戦没兵士たちの声とも聞こえた。

　帰国後携わった交流活動では、招かれて来日する諸外国人に和の文化を語って三十八年が過ぎた。少年のころの「アメリカ人に和の心を」は「世界の人々に」となった。文化では「言葉や仕来りの中に先人の心を訪ね、想いを汲み取る」ことが大切だと思う。そんな気持ちで語る「和の文化」に秘められた〝優しさ〟、〝美しさ〟を来訪の皆が素直に理解し共鳴してくれる。先祖の遺風を顕彰するささやかな喜びがある。

一九二八年、東京生まれ。五〇年、早稲田大学旧制専門部政治経済学科修了後、京阪神急行電鉄（阪急）株式会社入社。六九年、無名戦没者戦跡慰霊のため同社を退職。ニューギニア、ソロモン群島各地を単身追悼行脚。七〇年、社団法人国際交流サービス協会設立に参画、初代専務理事就任。九一年、依願退任。七一年より現在まで、政府招聘諸外国人等に対し、日本人の生活と文化を語り続ける。著書に『信天翁作戦』、『日本よ、正気を取り戻そう』他。

海外での経験が今に活きる

（平成二十一年二月号）

株式会社白相酒造 代表取締役
白相《しらそう》 淑久《としひさ》

栃木県の酒屋の四代目として生まれ育った私は、中、高、大学と、「どんな勉強をしても家を継ぐことになる」ということを宿命のように抱え、今、思えば何事にも真剣にのめり込むことのない日々を送っていたように思います。大学へ行くなら実家から離れたところ、丁度、大学紛争のとき、それなら惹かれていた京都にと決めました。もっとも、東京の大学にはしっかりと入学を拒否されましたが。

素晴らしい先生方に学ぶ

大学に入学した年に病気になり手術と治療のため、半年間は休学でほとんど授業に出席できなかったことが転機となりました。このままではいけない、自分の好きなこと、打ち込めることからやっていこうと思い、少しは得意と思っていた英語を、当時、ある大学の有名な先生が教授する語学学校で学ぶことにしました。

そもそも英語との出会いは小学校五年生のときで、母に言われて習い始めました。母は酒屋の娘として生まれ、やはり酒屋の父に嫁いだのですが、大学時代の親友がアメリカ人と結婚し、家族ぐるみのお付き合いのなか、「これからの時代は英語を身につけなければいけない」と思ったようです。その思いを私に託し、小、中、高校と素晴らしい英語の先生を見つけてくれました。

先の語学学校の英語通訳コースでの経験は、とても刺激的でした。米国国務省の勤務経験もあり、日本人でありながら完璧な英語を話す先生。そして古き良きアメリカについて、そのまま英語で話してくれました。京都国際会館等での実際の通訳場面の見学もさせてもらい、通訳の仕事は奥深く、その事前勉強量に愕然としました。その先生は、通訳の日の何週間も前から全く専門外の分野の特殊用語も含め、事前調査・勉強を周到に行い、ともすると発話者の知識を超えるまで勉強します。できる方はそこまでしているのです。

大学卒業後、たまたま友人から、外務省の在外公館派遣員第一期生の募集の話を知り、採用となりました。海外の日本国大使館、総領事館での便宜供与や庶務の仕事です。英語圏でしたので、私の最初の赴任地は、南アフリカのプレトリアでした。三年間の任期を終えた後、父に頼み込み実家の仕事を継ぐ前に、もう一ヵ国、英国での勤務も叶いました。

追い込まれて学んだ英会話

最初に赴任したケープタウンでは、領事事務の補助業務で、赴任直後に、現地秘書の方が一ヵ月の訪日研修で不在となり、いきなり一人でその秘書の電話対応からすべての庶務をやらなくてはならなくなりました。現地語もあればアフリカの英語、ヨーロッパの英語とさまざま。電話での聞き取りだけでも精神的にも追い込まれてしまいました。投げ出したくなる思いになりながら、ひたすらこの一ヵ月を克服せざるを得ませんでした。不思議とその後はスムースに英語を使うことができるようになったのです。

この地はまた、日本のことを考える機会も与えてくれました。本当の差別とは何か、日本はどうなのか、また、日本製品への信頼性についても客観的に感じることができました。

任期を終えたとき、そのまま家業に戻る気持ちにはなれず、また、もう少し英語を極めたいという思いから、再度、派遣員を志願しました。幸運にも、在英日本国大使館の仕事に就くことができたのです。二年と数ヵ月、業務は空港送迎や領事事務だったのですが、折角の英語の地、場面を捉えて英語力も多少は磨くことができました。

学んだ経験を家業に

帰国して実家に戻ったとき、正直、気が遠くなりました。あまりにもそれまでの世界との格差がありました。それでも大切な家業は何とか伸ばしたい。しかし、厳しい時代が続きました。英語はもう使うこともないと思っていると、どこかからか、私の存在が知られ、地元のロータリークラブから活動のお誘いがありました。日本人の海外派遣や、海外からの学生等の受け入れ、十数年は家業の傍ら、海外との接点をもちながら忙しく過ごしました。

今、人生も五十代を迎え、改めて真剣に家業と向き合っています。難しい状況にある業界ですが、時代の要請を把握しながら変身し、新しい方向に向かって行動しています。かつての一流の通訳の先生方に習って、この新たな取り組みにも慎重に十分な準備期間を取り、検証しながら進めています。また、あの派遣員のときのように追い込まれても屈せず、自分を信じて頑張って行きたいと思っています。

地区ロータリーの学友委員長としてももうしばらく、地域の皆様に奉仕して行きたいと思います。学生の海外派遣選考担当を続けるなかで思うことは、志のある方はどんどん海外の経験を積んで欲しいということです。それは語学の習得だけでなく、その人の財産になると確信するからです。ただ、海外は日本に比べ危険も多くあります。渡航する方々にはいつも、「自分の身は自分で守ってください」と声をかけ、いい経験を積んでくれるよう願って送り出します。人生には無駄はないのだとつくづく思います。

一九五〇年、栃木県生まれ。七三年、同志社大学経済学部を卒業後、外務省在外公館派遣員の第一期生として、在南アフリカ共和国日本国大使館派遣員となる。三年の勤務の後、七六年から七九年までは、在英日本国大使館の派遣員を務める。帰国後、実家である栃木県の酒屋の四代目を継ぎ、新たな手法を家業の発展に取り入れ現在にいたる。また、英語力をかわれ、地元の国際活動にも参画、地区ロータリー財団の学友委員長としても活躍する。一人娘の父。

人と人との結びつきは、時空を超えて

（平成二十一年六月号）

在京キプロス共和国名誉総領事館 名誉総領事補佐　大村《おおむら》 和民《かずたみ》

定年退職した今でも、こうして海外との仕事に携わることができるのは、父から受け継いだ血なのだと思います。五人兄弟の下から二番目の私と一番下の妹は、特にその影響を受けています。商社の仕事でアルゼンチンに駐在していた父が、私が小学校二年のときに、兄弟全員に革のジャンバーを送ってきてくれました。当時、子どもは誰一人として持っていなかった革ジャンを着て、冬の寒い日に誇らしげに学校に登校したことを思い出します。もう一つ届いたのはアルゼンチンタンゴのレコード。何度も聞いて言葉はわからなくても歌えるようになり、今でも四、五曲は覚えています。この革ジャンとタンゴが海外への憧れの始まりでした。

不思議な出会い

国を越えての印象的な出会いで、一番に思い出すのは米国・ジョージア州アトランタでの出来事です。海外との仕事に就きたいと思い、大学を出て旅行社に勤めました。一九八九年から九一年にサンフランシスコ支店長を務め、九五年からはニューヨークにある米国日通本社総務部長で二度目のアメリカ赴任。程なく、社長がのびのびになっているアトランタ出張に出かけられると知り、とっさに、「私もご一緒させてもらえませんか」とお願いしました。関係先の地を自分の目で見たかったのです。面談先はゴルフ場の支配人。お伴できることになりました。

到着すると、支配人は急きょ、唯一の日本人会員の方を思いついて呼んでいてくださいました。大山さんという初老の方で、アルゼンチンにいらしたとわかり、私は思わず、「実は父もアルゼンチンにいたことがあり、リカルドという名前を覚えています」と話すと、「おお、君はリカルド・ヤマセを知っているのか」と驚いて聞き返されました。何と大山さんと父とは同僚だったのです。「リカルド」という名前は、父が送ってきた写真の裏側に書いてあったのを父の恩人として記憶していました。十二月の父の誕生日に、ちゃぶ台に父からの手紙とその写真、そしてお赤飯を囲んで母が、「お父さんは一人で遠く海外で、お前たちのために頑張ってくださっているのよ」と話し、手紙を読んでくれました。石油コンロで火事になりかけたときにリカルドがそのコンロを外に投げて父を助けてくれたと書いてあったのです。

社長は、「君はお父様を尊敬しているんだね。そしてお母様は偉いね」と言ってくれました。嬉しかったです。人と人との結びつきは時空を超える、と実感しました。私の言動もいつか、子どもや孫に現れるのかも知れません。

アメリカを自転車旅行

ニューヨークから日本に帰って来たときに、一枚の新聞記事を目にしました。ベトナム戦争で足を失った方が、二本の手だけで歩き、西海岸から四年半かけてワシントンD.C.のアーリントン墓地に眠る戦死した友人を訪ねたというのです。感動して、自分だったら自転車でならアメリカ大陸横断をできるかも知れない。退職したら好きなアメリカの地をもっと知り、より多くの人と知り合いたいという思いもあり単独の自転車旅行を二度、行いました。最初は二〇〇六年四月に定年退職し、妻と一緒にシアトルに向かいました。かつて仕事で日本のグループをお連れしたワシントン州郡スポーケーンを訪問し、飛び込みで訪ねたスポーケーン市長は快くお会いくださり励ましてくれました。その後は一人でイエローストーンまで九百二十五マイル走りました。二度目は〇八年の夏に一ヵ月半かけて二千三百五十四マイルで計三千二百七十九マイル、約五千二百四十キロメートルの旅でした。途中、見も知らない人々から何度も助けられ、アメリカの懐の深さと人の温かみを実感できました。

海外では、自分次第

仕事で海外に滞在する場合、その地にどう溶け込むかは本人次第だと思います。私の場合は家族と一緒でしたので、娘や息子が小さかったサンフランシスコでは、安全確保を第一の条件で、日本人の多く住むところに住居を決め、子どもの学校は地元の小学校にしました。そうすることでその地をより知ることができます。その後、子どもも中学生と高校生になったニューヨークでは、日本人のいない地で名門の学校を選びました。最初は娘も息子も、とても苦労をして、ただ席に座っているだけで泣き出さんばかりの日々だったそうです。それが半年後、ほぼ同時に「何か残っていたみたい」と話し、せきを切ったように英語が話せて聞けるようになりました。成績もぐんぐん上がり、高校卒業時に娘は日本でいう国語、現地校の英語の最優秀生徒にまで選ばれました。子どもの柔軟さが海外での生活をより受け入れたのだと思います。

そうした思いから青少年の海外派遣の仕事にも思い入れ、将来外交官を目指すような青少年を育てるという事業の立ち上げにも参画しました。

退職して今、まさか自分が外交官のような仕事に就くとは思ってもみませんでした。これも父から学んだ、「同じ外国語を話しても、ただ話しているだけではだめ。寡黙でも彼がしゃべったら、『流石に彼は違う』と言われるくらいにまで話せるようになれ」という言葉を胸に、ラジオやテレビ講座で英語を勉強してきたことが、今につながっているのだと思っています。

一九四六年、兵庫県生まれ。六八年に関西学院大学法学部を卒業し、日本通運株式会社に就職。主に旅行部門に携わり、香港、米国・サンフランシスコ、ニューヨークに駐在。帰国後、旅行事業部長を務め、二〇〇六年に定年退職。その後、夢であったアメリカ横断自転車旅行を二度にわたり実施。現在、かつての仕事関係からの勧めもあり現職。一男二女の父。

ベラルーシを知っていますか

(平成二十一年七・八月号)

ワールドホームクッキング株式会社 取締役
バリシュク・ヴィクトリア

十八歳になる娘が先月、ベラルーシに帰ってしまい寂しいのですが、レストランの仕事を相変わらず忙しくしています。私が日本に来たのは八年前、ベラルーシの大学を卒業し首都ミンスクのデパートの仕事をして七年経ったころでした。自分の可能性を広い世界で試してみたいと思いました。二十歳で結婚し娘も小学校に通っていましたが、母が娘の面倒を見てくれると言うので、期限を決めて自分に賭けてみようと思いました。生活が安定したら、娘を呼んで、娘にも新たな地でやりたいことを思う存分やれるチャンスを与えたいと思ったのです。

イメージ通りでない日本

ベラルーシの女性は社会で働くことが当たり前。父はロシアの軍人でしたが、母も子育てをしながら長年、働き続けました。父の赴任先、ロシア・ウラジオストクやサハリン、そしてアフリカでも仕事を見つけて生き生きと働いていました。そうした姿を見ていたので私も働くことに苦はありません。親戚の招きで日本に来て、まずは日本語学校に入りました。

ベラルーシでは、日本はお金持ちの国、日本に行ったら自動的にお金持ちになれると思われています。でも、いざ来てみると、お金持ちもいるし、貧乏な人もいる、ホームレスもいます。一年、二年と過ごすうちに、逆にベラルーシの良さを知ることになりました。

人と人との「ぬくもり」がベラルーシの方があると今、感じています。日本人は、親切で優しく接してくれます。それは来日してからすぐにわかりました。でもそれは「表《おもて》」の姿であって「家《うち》」ではない。私を外国人、つまり外の人として見て、なかなか内側には入れてもらえません。親しくなりたいと思い近づくと「ここまでです」と線を引かれてしまうように感じました。これは、レストランの仕事をしていて様々な国の方と話をしますが、ほぼ同じことを言われます。

ベラルーシは元ロシアで、白露と書きます。私たちロシア系の人は、外見は「こわい」表情ですが、一度、知り合うと、すぐに胸を開いて親しくなります。外国の人とも同じように友だちになれます。でも日本にいる外国人の多くは、少し過ごしてくると、どうしても自分の国の人をここ日本で探すようになってしまう。残念なことです。

娘の選択

娘がそうでした。私の日本滞在二年目、娘が十二歳になった時に日本に呼び寄せましたが、来た当初の一年、「日本人の子は誰も来ない」、「誰も話しかけてくれない」と学校から帰ると言い、それでも話しかけるように勧めると、今度は、「話題がアニメとかファッションばかりでつまらない」と言いました。しまいには家に閉じこもるようになったのです。英語を話す先生もいて、日本語の特別コースもある学校でしたので選んだのですが、娘には合わなかったのでしょう。もしくは七歳のころに来ればよかったのかもしれません。私もその頃は、毎日、朝から夜中まで仕事をしていて寄り添ってやれなかったという反省もあります。結局、外国人の学校に転校させました。そこでは、友だちもすぐにできて日本での生活を楽しめるようになりました。ただし、そのお友だちは外国人ばかりでした。そして大学に入る年齢になり、娘はベラルーシの大学を選びました。今、本国で勉強も恋も頑張っています。娘にはその選択でよかったのだと思います。

ベラルーシを広めたい

どうしてもベラルーシに気持ちが行きますが、今の私はここ日本でやらなければならないことがあります。いえ、やりたいことがあるのです。それはベラルーシをもっと日本の人たちに知ってもらうことです。

このレストランの仕事は、当初、社長との葛藤、すごいファイト（戦い）でした。社長は、ベラルーシ料理を日本人が好む味にするように言いました。やってはみましたが、本国の人は、「これは違う」と怒ります。ロシア人なら誰でも好きな豚のあぶら身の塩漬けは日本人にはどうしても合わない。寒い北国の保存料理と、日本のように海に囲まれて新鮮な魚と繊細な味の料理、住む環境によって料理の味は違うのです。でも、その味を変えたくはない。日本にいる外国人料理人は皆、同じ経験をします。そして日本風の国籍を持たない料理、カレーピロシキやカリフォルニア巻き寿司が出てくるのです。

私はあきらめませんでした。三年間、本物のベラルーシ料理をお出しして、その反応を見てきた結果、日本人のためにアレンジをしなくても、残さず食べてもらえるベラルーシ料理に辿りついたのです。ロールキャベツと肉じゃが、これらはベラルーシの味でお出ししても、皆、美味しいと言ってくれます。そして、本国の人が「あれある」と聞いてきたら、裏から塩漬けをお出しするのです。今、どんどん仕事が面白くなってきました。とはいえ、人事や経営のことで、毎朝起きて「行きたくない」という気持ちを振り切りながら、家の前からお店までの坂道を登ります。お店に着くと元気になります。

将来はベラルーシのものを商品化して日本に紹介することが夢です。これからも妥協をせずに文化の違いを示していきたいです。

一九六九年、ベラルーシ（旧ソ連邦）生まれ。ベラルーシ経済大学を卒業後、結婚、長女を授かり離婚。その後、デパートに就職。七年働いたころに、日本に住む親戚の招きで来日。日本語学校で学んでいたときに、その手腕をかわれ、ベラルーシの家庭料理を紹介する料理店、「ミンスクの台所」の店長に抜擢される。日本に住む同郷の人たちの相談相手になりながら、ベラルーシを日本に広める努力を続けている。一人娘の母。

2010
年代

陳 重夏
蓮尾 知子
加藤 良三
岩橋 克二
長谷川 清一
岡部 泰子
鈴木 弘
山口 芳裕
林家 彦いち
小根山 麗子
佐藤 良純

白浜 千寿子
平形 澄子
大友 太郎
安藤 光郎
日下部 順子
松田 綾子
ゼニ・クルニアワン
市川 英美
杉原 裕子
中西 浩樹
松橋 隆治

日本文化にほれ込んで韓日交流

（平成二十二年十一月号）

ソウル国際教育財団 理事 陳《ちん》 重夏《じゅうか》

韓国の心の文化も〝情け〟です。日本人は好きな人の前でも「愛しています」と言葉にして言うことは少ないと思いますが、韓国人は「愛しています」と率直に伝えます。ときどき、愛していなくても「愛しています」と言ったりしますが、まあそれもいいではないですか。

一方、日本人の相手を想う細やかな思いやりは素晴らしいです。思いを表に出さずに行動するのですが、韓国人には日本人の独特な心の倫理なる建前とか本音などには慣れにくいです。誤解に繋がる恐れさえあると思います。でも〝世は情け〟という情緒はまったく同じといえましょう。韓国では今では少し礼儀を崩してでも親しみを伝えようとする傾向がありますが、これはおおらかと見てよろしいのではと思いますがどうでしょう。

日本のイメージの源流

私が育ったのは丁度、日帝時代。一九一〇年の日韓併合から終戦までの日本統治時代を韓国では「ニッテイジダイ」と呼んでいます。そのころの教育は日本式。私は小学校に当たる国民学校一年生から五年生まで日本語による授業を受けました。

私の担任は藪下先生という男性の先生で、とってもお優しい、いかめしい顔つきを見せたことのない、何にでもコンコンと親切に教えてくださる良い先生でした。お昼も教室の生徒の前でお弁当を一緒にとりながら作法の模範を示してくださいました。

ある日、頭痛と熱に襲われて耐えられず先生に訴えたら、当時普通の人は高くて乗れない人力車を呼んで家に帰してくださいました。驚いて迎えた母がまず車代を払おうとしたら先生からいただきましたと言われてビックリしました。後で先生に人力車代をお持ちしてお礼をしたら「えらい。でもまあいいんだよ。これからも気をつけて頑張るんだよ」と肩をたたいてくれました。先生がすごく大きく見えましたし、幼いながらも僕もきっとこんな人になると決めました。

それからは先生に見守られているという緊張で一生懸命勉強して、ずっと優等生でした。こんな小者にしかなれませんでしたが、今あるのは藪下先生のお陰です。恩返しが出来ないことを悔やみ、日本ときたらまずあの先生を思い出します。

文学で築かれた日本

日本はまるで文学のための国だったようです。文学がいち早く日本で発展したのは、漢字を取り入れるや否やすぐに〝かな〟を創り出したことにあると思っています。中国の漢字を日本の固有語の保護保存のために訓読をあみだし、それを用いながら国風を尊重し、それでどんどんと美しい日本文学を作り出したのでしょう。

その中でも女性の活躍は素晴らしいです。紫式部のひらがなによる『源氏物語』、紀貫之の『土佐日記』により、『かげろうにっき』などの女性の日記がどんどん誕生します。日本の文学の創造性は 命がけの工夫好きな日本の独特なすごさだと思います。日本は男は建前で女の人たちが本音でご主人ですよね。それが真の国の力じゃないでしょうか。

一人ひとりが大黒柱

三十余年前に日本に初めて招かれて行ったときは至る所で日本の心の文化に間近かに接することができ、うれしいばかりでした。その招待来日の中で、ご親切にも誰に会いたいですかと聞かれ、私はすぐに山本書店店主の肩書で書いておられる、大好きな山本七平さんにお会いしたいと言いました。ペンネーム、イザヤベンダサンで『日本人とユダヤ人』を書かれた方です。

幸いに希望がかなって訪ねた家は何と小さかったこと。書店じゃなかったのです。半間ほどの玄関を二階に上がり、左手の机一つの小さな部屋に大きな本立てを並べていただけで、さびしいほどに質素な生活。短い時間でしたが直接話をさせていただき光栄でしたが、その謙遜さと極めて質素なご様子に圧倒されたのをいつも思い出します。

「韓国には、戦後、戦犯としてフィリピンで処刑された故洪思翊中将の遺族に部下として最後の様子を伝えるために、本土帰還と同時に韓国に行って遺族だけに会って帰ってきたので、『韓国に行ったことがある』とは言えません」と聞かされて仰天、本当に驚きました。当時の状況では想像もつかない大変なことだったろうと思います。偉いサムライ、偉い日本の軍人でした。

その来日のお世話をしてくださった団体の専務理事、横山総三さんとの出会いは、私をさらに交流の重要さと日本に目ざめさせ、これからは韓国と日本は一緒になって世界の平和に寄与していかなければならないと切に思うようになりました。今も日本人の中の日本人として横山さんを尊敬しています。

現在、日本語のクラスを受けもっていますが、生徒と互いに日本の心と文化を伝え合えるようにと、熱心に教えています。今日、話してきたことは、〝大黒柱〟という言葉です。今の日本はこの大黒柱だけに頼らず、皆が柱となって国を支えていくようで、素晴らしいことだと思っています。

一九三四年、韓国・ソウル生まれ。韓国海兵隊退役、中央大学院（日本語教育専攻）卒、韓国国際交流基金の前身、韓国国際文化協会企画部長。中央大學の日本語科講師。現在は、ソウル国際教育財団の理事。市の文化センターで日本語ならびに日本文化を教授する。一男二女の父。

イギリス木象嵌を日本に

（平成二十三年二月号）

木工職人　蓮尾《はすお》 知子《ともこ》

木象嵌《もくぞうがん》とは、木を象《かたど》り嵌《は》める装飾技法のことをいいます。私は装飾家具の古い歴史をもつイギリスで家具に施す木象嵌（Marquetry）を修得してきました。現在は横浜家具の技術を引き継ぐ「蓮華草元町工房」と出会いお客様の思いを木象嵌で描き家具に入れるお仕事をさせていただいております。

亡き夫が導いた仕事

大学で知り合い結婚した夫は山岳カメラマンでした。夫の仕事がら生活が安定せず、それを補うだけの仕事をしていた私に、「今は僕中心の生活だけれど、将来、ぜったいに好きなことをさせるから、そのときのために、これというものを見つけておいて」と言っていた夫。そんな折、和紙作りが盛んな埼玉県・小川町の障子の枠を作る木工所でパートタイマーとして働き始めました。二十六歳のときです。単純作業で障子の枠を一日四百枚ほど組み立てるだけの仕事でしたが、木に触れていることが楽しく幸せで、自分は木が好きなのだと初めて気がつきました。

木工所へ勤め出して一年ほど経ったころ、突然、ロケ地のアラスカで夫が亡くなりました。それまで外国とか、英語とかは私の人生に縁のないものと思っていたのですが、夫の遺骨を抱え、せめて最後の仕事であった冒険の最終地点に散骨しよう、と思い立ったのです。現地に行ってヘリコプターをチャーターしたりすることも、すべて自分でやらなければなりません。それには英語が話せないといけないと思い、町の英会話教室で猛勉強をして半年、その思いをアラスカの空で果たしました。

日本に帰り、これからどうしようと思ったすえに、夫が私に残してくれた木工という世界を一から勉強しようと職業訓練校に入学しました。何より好きな木に触れることができ充実した二年間でした。卒業後、三十歳になろうとする女性には木工の現場仕事はなく途方に暮れていると、妹がある雑誌を持ってきました。そこにはデンマークでインテリアデザインの勉強をしている日本女性の記事がありました。そこで私も身に付けた英語で海外の木工技術も学びたいと思い立ちます。

イギリスで出会った木象嵌

イギリスの学校では家具製作・修復、そして椅子張りについて学ぶことができました。学校の近くでホームステイやシェアハウスで学生と暮らしながらの通学です。毎日、カセットデッキを持ち教室の最前列に座り授業を録音。家に帰ってそれを何度も聞き返すという繰り返しでした。さまざまな木工技術を二年間学ぶ中で、たった二日だけ象嵌の授業がありました。初めて学ぶ木象嵌にすっかり虜になり学校で教えてくださった講師の方が学外で開いている教室に通い始めました。木象嵌を学外で学びながら学校での課題でコーヒーテーブルや丸テーブルを制作し、自らデザインした木象嵌を施しました。課題はいずれもイギリスの伝統的な家具の形でしたが、私が作るものはなぜか日本的で、コーヒーテーブルを製作したのに「これが日本のコタツなの」と尋ねられたりしました。

学校を卒業後、このまま日本に帰っては学んだことを修得することができないと思い、学生のときに工房見学で訪れたヨークにある家具工房に見習で雇ってもらいました。最初はお茶くみと掃除です。半年くらい過ぎたときのこと、社長のマイクに自分で作った薔薇の木象嵌を見せるとお客様を紹介してくれました。初老のご夫婦で、「私たちが丹精込めて育てた庭に春に咲く野花を入れたサイドボードを」という依頼です。早速デザイン画を描くと、「この水仙は野生の物ではないね。もっと素朴なんです」と注文は難しく、お写真を見せていただいたりして出来た象嵌は、水仙、スノードロップやクロッカス、アイリス、そして春に訪れる蝶も二頭ほど入れました。お客様はお孫さんに、「日本から来た女性がここのお庭に咲くお花を描いてくれたのよ。私たちがいなくなっても、そのことを思ってこの家具を大切にしてね」と話してくださったそうです。

世界に誇れる家具作りを

帰国後、せっかく洋家具製作の勉強をしてきたのに実家の川越に帰ったのでは仕事がないと、一人横浜に出てきました。何のつてのないまま仕事もない中、漆の教室で出会った方が「洋家具の勉強をしてきたのなら横浜家具という洋家具の技術を伝承してきた職人さんたちにお会いするといい」と、「蓮華草元町工房」に紹介くださったのです。日本で馴染みのない木象嵌を仕事として本気でとらえてくれたのは蓮華草元町工房だけでした。木象嵌は一点物。それを入れる家具も一点ものでなければなりません。いろいろな特殊な工程に対応できるばかりか、木目の交差する木象嵌に鉋《かんな》をあてて仕上げるのは世界でもここだけではないかと思います。日本の最高の木工技術をもってこれからの時代に合った美しいデザインを作る。今はそんな工房でお仕事をさせてもらっています。

横浜は洋家具の発祥の地です。日本の開港当時、海外から入ってきた洋家具を日本の職人が手がけ、そして海外にも輸出されて行ったように、今一度、世界に誇れる家具をここで作っていこうと仲間とともに頑張っています。

一九六八年、埼玉県生まれ。九〇年に東京農業大学を卒業後、結婚。九五年、カメラマンの夫が海外で急死。九六年より二年間、飯能高等技術専門学校で木工技術を学ぶ。九九年に渡英。現地のアートデザインカレッジの家具製作・修復課を二〇〇二年に卒業し、ヨークの家具製作工房に就職。〇四年に帰国後、独自の木工製作を開始し、現在、有限会社蓮華草元町工房に所属しながら活動する。

肩の力を抜いて完全燃焼

（平成二十三年三月号）

日本プロフェッショナル野球組織 コミッショナー
加藤《かとう》 良三《りょうぞう》

二〇〇八年五月二十七日に駐米特命全権大使の職を終えて帰国、六月末の退官までは各方面への挨拶回りで過ぎ、七月一日には、求められて日本プロ野球のコミッショナーとなり、九月頃からは、WBC（World Baseball Classic）等を中心に王貞治さんらとの打ち合わせに入っていました。外国ですと、退官後の一年くらいはゆっくりとするのが一般的で、短くても三ヵ月はいろいろな整理に時間が必要なのですが、時をおかず次の仕事に就くというのは、何とも日本式です。

外国に行ってみたい

野球は幼いころから好きでした。疎開地、秋田にいた四、五歳のころ、十歳と十二歳上の兄たちが野球を私に教えるんです。木の枝でドングリの実を打つというものでした。野球は下手ではなかったですが、プロや大学野球で活躍するほどの才能は全くなかったので、その後はもっぱら見る方に回りました。野球の本場、アメリカってどんなところだろう、という幼いころの興味が外交官試験を受ける動機の一つでした。

小学三年で東京に戻り、中学高校は成蹊に通いました。成蹊には「グルー基金」という、高校生が毎年一名アメリカのセントポール高校に留学できる制度がありました。槙原稔さんがその第一号、後に外務省に入省した有馬龍夫さんも留学しました。私はといえば、英語がずばぬけてできることもなく、留学など考えも及びませんでした。そもそも親族も含め外国へ行った人は誰もいません。父は銀行勤務で柔道家、嘉納治五郎の講道館で八段までいきました。私も小学校のころから兄に連れられて東大の七徳堂で柔道を教えてもらいました。

大学に入り、友人と二人、外国に行ってみたい、それには英語の勉強をと思い立ち、ベトナム帰りと思われるアメリカ人に頼んだ個人授業での英会話は、どれだけ役に立ったかは別にして結構楽しかったです。

就職は法学部でしたので司法やいろいろな企業も視野に入れて考えたのですが、忍耐強い勉強が必要な司法試験よりも「一発勝負」が効きそうな外交官試験のみにしぼり、失敗したら来年また受けようくらいに思って臨みました。当時、外交官試験は一般に語学重視という誤解があったのですが、実際には語学のウエイトはそんなに高くありませんでした。

語学に早くから親しめばよかった

外交官試験に合格して「親に迷惑をかけないで済む」とほっとしました。

初めての外国、アメリカは、すべてがびっくりすることばかり。研修先、コネチカット州のイエール大学に行くにもハワイに一泊、ロスアンジェルスに一泊、ワシントンと併せて計三泊するという道のり。飛行機に長時間乗っていても下は大地が続いているのです。

外務省では最低限の必要な路線、バスなどを教えてくれます。あとは一人で研修先へ行き、日本人は誰もいない中、二年間の大学研修の手続きをしました。

学費は夏休みを除く九ヵ月で三千六百ドルと高額、寮の経費と教材、食費です。年間三千六百ドルの給与でしたから、休みの三ヵ月は家からお金を送ってもらって過ごしました。とはいえ、アメリカの他の州から来た人やイエールの友だち、時に日本から来た方々と九十九ドルの安いバス旅行もしたりしました。

授業はLaw SchoolでＬＬＭ（法学修士）を一年でとりました。とてつもなく大変な仕事で、この時だけは楽ができませんでした。多量な資料を読み、教授の英語が聞き取れず、言いたいことがうまく言えないのです。今思うのは、もう少し小さいころから語学に馴染んでいれば、三十パーセントくらいしか分からなかった教授の話も、よりよく理解しコミュニケーションも、もっと図れただろうにということで、大いに残念です。

今は「恩返し」の時期

大使在職中にイエールのキャンパス内に「朝河ガーデン」を作ることができました。朝河貫一（一八七三年生まれ）は会津の人で商業専門学校（現早稲田大学）を首席で卒業し、アメリカに骨をうずめました。ポーツマス条約前後に日本外交のために活躍した方です。彼は日露戦直後の時点で日米が戦争になる危険を強く警告しています。イエールにお墓が寂しくあったので、狭いですが構内の一等地にそうした日本人を讃える場所ができたのは喜びでした。

外交の場では、人には上下はないし、上は大統領、副大統領から市井の人とも交流はありましたが、私は広く人と交わる社交行事が本来、好きではありません。本当の友人は日本にも外国にもほんのわずかです。もちろん仕事がら、人とのお付き合いは大切ですから、人並み、いやそれ以上に務めました。四十三年間で外交官の職務は完全燃焼した思いです。借りもなければ、貸しもない、いわば更地。私は現役主義、現場主義ですので、OBが関与、介入せずに現役に任せることを貫いており、求められれば手助けに努めるだけで余計な口は出しません。

私は「クラブ」型の人間ではなく、孤独が苦痛ではありません。一人でもお酒があれば楽しく過ごせます。そして私に喜びを与えてくれた野球や柔道ほかお世話になった内外の方々にささやかながらも恩返しをしたい。今は楽しすぎることもなく、辛すぎることもない、そんな中間色の心境です。


一九四一年、秋田県出身。六四年九月、外務公務員採用上級試験合格、翌年三月、東京大学法学部卒業後、外務省入省。米国イエール大学での研修により法学修士号取得。外務省では、二十二年間が国内勤務で北米局安全保障課長、大臣官房総務課長、アジア局長、総合外交政策局長、外務審議官などを歴任。海外は二十一年間でオーストラリアとエジプトのほかは米国勤務。在米国日本国大使館公使、サンフランシスコ総領事を経て、九八年九月から二〇〇一年六月まで特命全権大使。〇八年七月より現職。息子二人娘一人の父。

神主の子に生まれ、世界と向き合う

（平成二十三年七月号）

神社本廳《じんじゃほんちょう》 国際交流課 課長
岩《いわ》橋《はし》 克《か》二《つじ》

先祖代々の神主の仕事を長男として私も継いでいかなければならない。それが小さいころからの私の宿命と思いながらも、自分の将来が決められていることに反発し、対峙して、海外留学や外国語大学での学び、そして国内での一年間の放浪の旅も経て、今は、世界のいろいろな方々からの日本や日本人、神道についての質問に応えることが自らの楽しみになっています。

神道を知る

和歌山県の小さな神社で、サラリーマンをしながら神主を務める父。何をやっても「神社の子だから」、「神社の孫なのに」と制約が初めから付いていました。すぐ下に弟がいますが、こんなに大変なことをやらせることはできない。「私が継ぐから、お前は自分の好きなことをやれ」といつしか弟に話していました。

そんな思いの中、中学二年のとき、英語の先生の紹介でアメリカ人女性が二日間ほど我が家にホームステイに来ました。やっと動詞の過去形を習ったくらいの英語で話すと、それが何とか通じるのです。「僕の英語が通じる」と嬉しくなりました。その後、外国人に会えるという喜びと学校で習った英語を使えるという思いから、県の国際交流協会の活動に一人で参加しました。英語を話すことへの興味はつのり、県立高校二年次の一九八七年、十七歳のときにＹＦＵというプログラムでアメリカ・カンザス州に一年間留学をします。

行って驚いたのは、日本のイメージがもう無茶苦茶、「侍、芸者、忍者」なのです。丁度、ショー・コスギの映画が大流行で、ホストブラザーは、「忍者は必ずいる、忍者は隠れるのが仕事だから」と言い張って聞きません。

高校は、聖心学院（Sacred-Heart）で、クリスチャンの学校。私が神主の子で神道のため、宗教の時間ではいつも先生が興味をもって、「神道だったらどうか」、「日本人だったらどう考える」と、質問攻めでした。小さな町で背中に「日本代表」と掲げていたようでした。

昔からの神社への反発がこの留学で変わりました。神社のことを知らずに文句を言うのはよくない、もっと勉強しようと。皇學館大学か國學院大學が神主になる学校でしたが、私は「日本語は文化、それを知ることは神道を知ることになる」と親を説得し、外国語大学日本語科に学びます。そして大学三年次に國學院大學の神職養成四十日間コースに参加し神主になったのです。

人種を意識しない大学

日本語科は、一クラス四十五人とすると、日本人が十五人、外国人が三十人という構成。日本人の大半は女性、外国人の半分はアジアからの留学生で、国を背負った学生が多かったです。中国、韓国、台湾、シンガポール、あとは数名の白人の生徒でした。

そのころの私は「同級生を外国人」とは思っていませんでした。同じクラスにいると、崔さんなら崔さんで、その生徒の国のことは関係ないのです。

その後、勤め始めてから英国の大学院にも留学しましたが、そこでも同じです。どこの国の人かは、比較文化の授業のときに、その人の国籍を意識するくらいです。

ただし、英国の同時多発テロのときは違っていました。丁度、私の通う大学近くの地下鉄で爆発があり、あの折は有色人種、特にモスレム（回教徒）に見える人たちが敬遠されました。私もアジア系だからか警察のパトカーにつけられていたのを思い出します。平和なときは人種を超えて暮らし、事が起こると、それが「敵」になるのです。

神道の国際化

それをどうしたらいいのか。結局、お互いに歩み寄るしかないのです。「分かり合う」というのではなく、違いが当り前だという社会を作らなければなりません。

大学卒業後は國學院大學大学院でさらに神道を学びました。就職は大学のときにアルバイトをした神社新報という新聞社で三年間、さまざまな記事を書きました。全国の神社の祭り、青少年の行事、日本の思想、国旗国歌を法律で定める際の全国の反論や賛成論、領土問題などです。また、英語がわかるので、外国で日本の神社や宗教のことがどう言われているのかを、e-mailなどを通して海外から情報を得ました。

縁あって、全国の神社を包括する神社本庁に再就職できたのは、丁度、神道の国際化という流れがあったからだと思います。広報活動や資格の付与など、小さな神社を含め全国で八万、神主は二万人が対象です。神社の数は全国で安定しており、中には新たに建てられる神社もあります。日本人の心に神社が根付いているのです。ただ、心から残念なことですが、大震災で三千もの神社が被災、氏子さんも多く亡くなられました。

今は、国際交流課で、海外での宗教者会議に出席したり、来日する外国人への英語の資料などを作っています。

世界には知らない宗教がたくさんあります。どの人と付き合っても本当にいい人達なのです。自分や日本に興味を持ってくれる人と話すのは楽しい。自分が楽しいと思うことを「交流」という名の下に行っているのです。

一九七〇年、和歌山県生まれ。代々続く神主の家の長男。九四年、東京外国語大学日本語学科卒業後、國學院大學大学院に進学。四年後に神社界唯一の新聞社、株式会社神社新報社に入社、国内外を取材し宗教や神道、伝統文化についての記事を書く。二〇〇一年、全国の神社を包括する宗教法人神社本庁の職員となり、翌年より二年間、英国ロンドン大学ＳＯＡＳに研修留学し修士号を取得。帰国後、神社の国際交流の担い手として海外への広報や国内での講義を担当、現在にいたる。

世界中の友人や仲間が私の宝物

（平成二十三年九月号）

社団法人国際フレンドシップ協会 事業部長　長谷川《はせがわ》 清一《きよかず》

いつかモンゴルに渡り、その地を自分で見てみたい、そして、大学時代の夢である「モンゴルの砂漠を緑にしたい」。その強い思いが私の人生を切り拓いてくれました。

一九七五年、私はこの夢を抱いて国立鳥取大学農学部に入学しました。しかし、青年の理想と現実の狭間で悩み、なんとか実際に国内外のさまざまな土地とそこに住む人々を自分自身で感じ取りたい、と思うようになったのです。

私は思い切って大学の三年次で退学し、北海道を南に下る旅に出ました。この旅は六年間続き、私は行く先々の土地で、農場の仕事や日雇いの仕事をして過ごしました。

在中国日本国大使館勤務

八三年のことです。丁度旅が関東地域にまで下ったある日、「在中華人民共和国日本国大使館派遣員募集」という新聞記事が目に止まりました。「中国語を話し、運転免許証所持」が条件でした。「運転手募集」なら、と思い込み、待ちに待ったチャンス到来に勇んで応募したのです。面接では「大学を退学し、アルバイト仕事をなぜ」と何度も聞かれ、いささか心配でしたが、熱意が通じたのか、苦労を重ねた経験が認められたのか、採用となりました。実際の派遣前研修の後、「運転手」と思って応募した職務が実は大使館の庶務担当だと分かりました。「さて、勤まるのかどうか」との不安もありましたが、中国語はモンゴルを意識して以来ずっと勉強を重ねて来た得意の言語です。ここは「言葉と体力で最善を尽くそう」、と挑戦を決めました。いよいよ海外渡航の実現です。

赴任後は、経験したことのない会計や事務作業のあれこれを一つずつ教えられ、現地職員や一般市民との中国語でのやり取りをこなし、あっという間の三年間となりました。

さて、夢のモンゴル行きですが、在職中、二度出張の機会が与えられ、内モンゴル自治区にも足を踏み入れることが出来ました。私が願っていたモンゴルの土地の感覚を肌で感じ、地元の人たちとの交流が現実のものになったのです。本当に嬉しいことでした。そしてまた、私の運命を決める新しい出会いもありました。外務省職員としてすでに赴任していた妻との出会いです。

チョモランマ、二百八十名の仲間

八七年、派遣員を終え帰国して結婚すると、知人よりチョモランマ（チベット語。英名：エベレスト）の三国友好登山隊・日本隊の中国語通訳として参加しないか、との誘いが舞い込みました。日本、中国、ネパールの三国が共同して世界最高峰八千八百四十八メートルに挑む計画です。南面ネパール側と北面中国側から同時に登頂し、国境を越え反対側に交差縦走するのです。事前準備を入れると一年間にわたる仕事です。妻に悪いと思いつつ参加を決めました。

訓練は半年に及び、八八年二月末、春まだ遠く、地に一点の緑もなく、吹きすさぶ風と氷雪の山々の前に立ちました。三国から七つの民族、五つの言語が飛び交うベースキャンプのチョモランマ村では、平地での肩書きなど通用しません。体力のある者が尊敬され、ひょうきん者が愛され、そして他への思いやりを持つ者が誰よりも慕われるのです。文明とはほど遠い、厳しい自然環境にあって、人は自ずと人間本来の姿を発見し、自然に帰って行く。地球上でもっとも天に近いチョモランマの魔力だからこそです。

総勢二百八十名、寄せ集められた十九歳から七十三歳の集団には、山のプロあり、ど素人ありでした。脂っこい中華料理に飽き、ふりかけでご飯を食べる日本人隊員。登山が終わればまた羊やヤクを追う暮らしに戻るチベット族の隊員。登頂隊に加われなかった元ラマ僧のネパール隊員は、泣きながら経文を書いた布を登山隊員に託していました。

登頂は八八年五月五日に成功しました。共に笑い、共に泣き、互いに別れを惜しんだ運命共同体の胸の内にあるチョモランマ山頂の地図には、何ら実線の国境はないのです。

二十三年の国際交流事業

地球上で全く知らない土地へ行き、人々と語り合い、その地ならではの生活や習慣を知ることは実に楽しいことです。同時に、海外から日本へ訪れる人たちにはぜひ日本の良さや日本人を知って欲しい。同じ地球の仲間であることを共感し、言葉を越えて語り合いたい。この思いを仕事に開花させることができたのは、まさしく私の元上司、横山総三氏（現「語り継ぐ日本の心」代表）の薫陶を受けたお陰です。

外務省所管の公益法人職員として、日本の専門家や青少年の海外派遣、そして外国の賓客や青少年の招聘事業に携わること二十三年。今、中国、韓国、英国、オランダ、インド、ネパール、ロシア等々、世界中の友人や仲間が私の家族同様大切な宝になっています。

一九五六年、福井県生まれ。鳥取大学農学部農学科中退。八四年から八七年まで、在中国日本国大使館に在外公館派遣員として勤務。八八年、チョモランマ／サガルマタ友好登山隊の通訳として参加。八八年十月より社団法人国際交流サービス協会入会、以後、事業の移行に伴い、社団法人日本外交協会を経て、九五年より社団法人国際フレンドシップ協会にて、海外派遣・招聘業務に携わる。二〇〇〇年から〇三年、東京都北区立王子第二小学校ＰＴＡ会長を務める。長男、大学三年、長女、高校一年の父。

時代の端境期を生き延びていくために

（平成二十四年一月号）

オーストラリア国立大学 ティーチング・フェロー
岡部《おかべ》 泰子《やすこ》

アメリカにある慶應ニューヨーク学院で社会科の教員を勤めたのち、今はオーストラリアで日本語を教えています。婚約者がアメリカのシアトルにいるので、将来はまたアメリカに戻ります。思いがけず海外生活を送ることになりましたが、狙っていたわけではありません。時代を、ただ生き延びていくために可能性を模索し続けて、悪戦苦闘した結果、そうなりました。

日本社会も世界の構造も様変わりする時代の端境期に社会生活を始めなければならない世代でした。アメリカも、オーストラリアも、仕事で行く前には、一度も行ったことはありませんでした。

異文化としての日本

生まれも育ちも千葉県の幕張です。歴史や伝統文化のない埋め立て地で生まれ育ったので、そこから「外」の文化として日本を見ていた気がします。住んでいる国でありながら、そこに「異国」の文化の面白みを感じていたので、海外には興味をもちませんでした。でもオランダだけは別です。江戸時代に唯一交易があった西洋の国ということに加えて、地理の教科書の「平ら」な地という記述が信じられなかったからです。オランダだったら行ってもいい、と思っていたときに、新聞で「ジュニア大使」の募集を知り、応募しました。

行ってびっくり、オランダは本当に平らでした。さらに、ヨーロッパの人は数ヵ国語を話すのが当たり前ということを初めて知ったり、全く違う世界で驚きの連続でした。引率の早川宗仁団長先生から、「日本は外の文化を受信することは得意だけれども、日本のことを発信することは下手である」、と伺いました。今から十七年前です。「へぇ、そうなんだ」、面白いお話だと思いましたが、これが今に通じる私の原点です。

その後、大学、大学院で日本史を専攻しました。良くも悪くも、ただ好きだったからやっていました。でも小泉構造改革に象徴されるように、時代が大きく変わります。コツコツ努力を続けていればなんとかなる、という生き方は絶望的になりました。三十歳までに学位をとるか、仕事を得なければ、自分は廃人になると思いました。私は仕事と収入を選びました。日本育英会の借金がものすごい額だったからです。

アメリカに救われる

偶然、見つけた仕事はアメリカにありました。アメリカに行った理由はただそれだけです。仕事があれば世界中どこにでも行く、そうでなければ生き延びられません。アメリカ、特にNY（ニューヨーク）は、日本とは比較にならない多様な背景の人々が同じ街に集まり共に生きている。そのための制度を整えている。こんな私でも生きていいんだ、と思いました。しかし、当面の仕事はあっても、有期契約のため、働きながら次の仕事を常に探す生活です。毎日、重苦しく暗中模索する私を救ってくれたのもアメリカです。今までと同じ職種では生き延びることが難しい。ならば、生き方を変えれば良いではないか。それを教えてくれたのも、可能にしてくれたのも、アメリカです。

私は日本語教師の勉強を始めることにし、コロンビア大学大学院の修士課程（日本語教授法）をめざしました。仕事を続けながら勉強ができるからです。応募のとき、トフル（TOEFL）のスコアが基準点にわずかに足りませんでした。しかし、「翌年までに基準点を満たすこと」を条件に入学を許されたのです。日本では考えられないこと、チャンスの国であるアメリカの懐の深さに感動しました。その後、無事に条件をクリアし、仕事と勉強を続けながら日本語教師の職を探しました。しかし、ビザの問題が立ちはだかる。もうアメリカを出るしかないと思いました。

そこで見つけたのが、今のオーストラリアでの仕事です。応募手続きを全て終えてから結果がでるまでが長く、落ちたと思っていました。だめなら日本に帰ろう、と決意していたとき、アメリカ人の婚約者と出会いました。

人類の共有財産、日本文化

日本の歴史や文化、日本語は日本人だけのものではありません。「こういう面白い言葉、歴史、文化がありますよ」、ということを知ってもらう、それが楽しい。でも、日本の大学で日本史を専攻していると、海外との接点はまずありません。私は自ら探し求めました。それが三年に及ぶ留学生宿舎でのレジデント・アシスタント活動です。日本に居ながら世界各国の人たちとの日常的交流を可能にする絶好の場所でした。

言葉や人種、宗教が違っていても、人間としては皆同じ。お互いの違いを理解するだけでなく違いを楽しむことを学びました。また、大学主催のケンブリッジ大学ダウニングコレッジ夏季講座にも参加しました。こうした経験のお陰で、いきなりアメリカで働くことになっても、異文化環境での生活という面では、特に困りませんでした。

「社会科の教員から日本語教師へ転職」、とつい最近まで思っていました。でも、丸ごと日本を伝えるということでは、むしろ融合だと今は思います。

世界は今も先が読めないままです。そうした時代を生き延びていくために、新しい挑戦を楽しみながら、常にフレキシブル（柔軟）であり続けたい。そのために、常に自分を鍛えることを怠らず、次に備えていたいと思います。

一九七六年、千葉県生まれ。慶應義塾大学卒業後、同大学院、お茶の水女子大学大学院で日本史を専攻。二〇〇六年、在米国慶應ニューヨーク学院の社会科教員。〇八年、コロンビア大学大学院入学。一〇年より、オーストラリア国立大学のティーチング・フェロー（教育助手）。九四年に「第九回ジュニア大使友情使節団・オランダ班」参加。

ディズニーランドで人物交流

（平成二十四年十二月号）

株式会社オリエンタルランド マネジメントアソシエイト
鈴木《すずき》 弘《ひろし》

サラリーマンになったのはこの会社だけ。二十七歳まではいろいろな音楽関連のことをやっていました。

普通の家庭の育ち、父は普通の会社員、その会社で知り合った母と結婚。母は沖縄・久米島出身で東京の親戚を頼り上京、深川で同じ会社に勤めたのです。結婚後は主婦として三歳上の兄と私を育てました。

もし普通と違うとすれば、家に帰るといつも父母の好きな音楽が流れていました。そして母の明るい沖縄音楽の歌声が聞こえていたのです。

兄の影響で洋楽を

兄の影響で、小学校のころから洋楽、特にロックが大好きでした。クラスの友だちは歌謡曲に夢中でしたが、私は英語の歌詞を見ながら口ずさみ、そのうちにその意味が知りたくなり、英語辞書をひっぱり出して調べていました。

公立中学、高校へと進むと、洋楽好きにますます拍車がかかり、蓄積された知識に、いつの間にかレコード会社や外国タレント招聘会社などからお声が掛かるようになりました。海外の洋楽情報をレコード店で聞いて輸入版を取り寄せたり、兄と〝Jethro Tull（ジェスロ・タル）〟というイギリスのグループのファンクラブを作ったりしていたからです。

洋楽知識が豊富な少年として、来日記念パンフレットなどに執筆を頼まれたり、来日記者会見やコンサートのリハーサルに立ち会う機会にも恵まれました。実際に外国人のタレントの方にお会いすることもでき、通訳の方を通してですが、ロックアーティストとも自然と話をしていました。ロックの話には国籍は関係ありませんでした。

大学卒業後も音楽事務所から依頼された仕事をすることにしました。そんなとき、イギリスに留学していた友人が帰ってきて山ほどの話を聞き、ロックのメッカと言われるイギリスに行きたくなったのです。お金をためて渡英したのが二十五歳のとき。知人の紹介で、ロンドンの音楽関連会社で二年間勤務しました。

イギリスの音楽

英語の勉強をしながらの、音楽関連の仕事は刺激的で楽しかったです。滞在は下宿。その家庭も音楽好きで、私がギターを持っていくと、英語を話せなくてもすぐにコミュニケーションが取れました。

日本人が五木ひろしや三波春夫の歌謡曲を聞く感じで、イギリスではビートルズやローリングストーンズを聞いているのです。ジョン・レノンがニューヨークで射殺されたときは、下宿の小父さん、小母さん、息子も皆、泣いていました。いや、イギリス中が泣いているという感じでした。滞在中は私自身が〝外国人〟です。"Japan as No.1"と言われた時代背景の中で、〝日本人〟ということで驚くほど興味をもたれ、多くの方から声をかけられ、親切にしていただきました。ある意味、良い時代にイギリスに滞在していました。このまま住みたいとも思いましたが、両親から日本にそろそろ帰ってきて欲しいと言われ、帰国。

たまたま新聞に東京ディズニーランドオープンに際してスタッフ募集の記事を見つけました。思えば、小さいころ、テレビ番組でウォルト・ディズニーが出てきていろいろな話をするのが好きで、毎回見ていました。英会話も活かせるし、働きやすいかと思って応募、丁度、オープンの九ヵ月前でした。

ディズニーは国籍不要

採用されて最初の担当はスペースマウンテンの運営でした。東京でのオープンを成功させるためにアメリカからもスタッフが多く来日。彼らの熱意をもった仕事ぶりには正直、驚かされました。これほど勤勉だとは、失礼ながら想像もしていませんでした。三十年以上も前の話ですが、そのときから、〝ディズニーの魔法はすごい〟と感じ続けています。

その後、エンターテインメント部に配属され、ショーに係るアメリカ人やショービジネスに携わる多くの外国の方々と仕事をしました。年二回、各約一ヵ月間、アメリカ、カナダ、南米、ハワイなどの都市を、二泊三日〜三泊四日のスケジュールでオーディションを実施しながら旅をしたのです。全て〝紙〟の大量な資料をスーツケースに押し込んでの移動は本当に大変でした。

苦労はもう一つ。オーディション後半になっても必要とする人材が見つからずにスタート地点であるロサンゼルスに戻ってきたときは、あらゆる人脈を使って人材確保に奔走です。逆に、予想以上に素晴らしい人材を早く確保できたときは、一ヵ月ぶりの休日を取ることもできました。

現在は、広報部で海外メディアを担当しています。世界中、あらゆる国の方々と接する機会が増えました。日本より遥かに条件の悪い環境の中で生活しながらも「世界で活躍したい」と夢を抱き、努力し、勉強する世界の若者と会うと、「日本の若者も負けるな」とエールを贈りたくなります。

振り返ると出会った方々の名前は覚えているのですが国籍が出てきません。国籍不明のまま忌憚なく言葉を交わす友人が周りにいるのです。国際交流の起原は人間交流からと解釈しています。

一九五五年、東京都生まれ。七七年、明星大学人文学部卒業後、音楽事務所の仕事に従事。七九年、英国・ロンドンに渡り、約二年間滞在。英語習得の他、音楽関連の仕事を経験。八二年七月に帰国後、株式会社オリエンタルランド入社、八三年四月、東京ディズニーランドオープンに携わる。以後、約十五年間、外国人出演者の管理や海外オーディションを担当。二〇〇三年十月に広報部に異動、海外メディア担当として現在に至る。

救急医療、命を救えてなんぼ

（平成二十五年一月号）

杏林大学医学部 高度救命救急センター 救急医学教室 教授
山口《やまぐち》 芳裕《よしひろ》

二〇一一年八月、ロシア極東地域・ハバロフスクの化学工場で爆発火災があり、多数の傷病者が出ました。ロシア政府の要請により、外務省、ＪＩＣＡ（独立行政法人国際協力機構）の国際医療救援として看護師と二人、現地に向いました。

全身の九十七パーセントに熱傷（やけど）を負った三十二歳の男性を日本に搬送し治療を行いましたが、一回目の手術中に心臓が止まりそのまま亡くなりました。日本でも熱傷が全身の四十パーセントをこえると救命はとても困難です。ロシア側はたとえ一パーセントでも救命の可能性があれば日本での治療をと強く望んだため、その意を受けた日本国外務省の方々、双方の努力の末の搬送でした。ハバロフスク空港を出発するときの年老いた父母の心配そうな顔が忘れられません。医者は命を救えてなんぼ、救えなければ何の価値もありません。

命を救いたい

期待に応えられなかったことが申し訳なく、失った命は帰りませんが、万一の「次」に備え、現場では何をしておかなければならないか、医療支援はどのタイミングで必要か、遠距離搬送の適応は何かなどを現地の第一線の医者たちに伝えたいと強く希望しました。

翌年九月、関係各位のご協力により熱傷医療セミナーを現地で開催でき、わずかではありますが恩に報いることができたのではないかと思っています。

救急医療をやりたくて私は医師を志しました。きっかけの一つは高校のときに読んだアメリカの尊厳死についての本です。我が子の人工呼吸器を止めることを求める裁判に関するものでした。子供の命を止めることを求めなければならない親を作りたくない、医療の現場が何とかしなければならないと思ったのです。日本の救急の草分けの教授が創設した大学で直に学びたいと、香川医科大学に入学しました。

大学一年のときから夏休みなどの長期休暇は教授の推薦を得て、都内の救命センターに居候して現場を学びました。大学五年生では、米国・カナダの救命センターでの研修もかないました。

海外の現場

ワシントン大学、カルガリー大学、そしてシンシナティ大学と約三ヵ月間滞在しました。オハイオ州立シンシナティ大学周辺はあまり治安がよくありません。初日、いきなり「縫合はできますか」と綺麗な看護師さんに聞かれました。日本では学生は注射一本することができません。すると看護師さんは一から丁寧に教えてくれたのです。一通り練習が終わると、「じゃあやりましょう」と言われ、処置室に入って来たのは手錠をかけられ二人の警官に連れられた身長が二メートルはあろうかと思われる黒人男性です。体中に血液が付着しており、どこに傷があるかすらすぐにはわかりません。ナイフで切られた傷が十ヵ所以上あり、看護師さんに助けてもらいながら一つひとつ縫合していきました。二ヵ所を終えたところで、「オーケイ。グッドジョブ（よくできました）」と言って、「後は一人で」と出て行ってしまいました。それから一時間はかかったでしょうか。冷や汗をかきながら処置を終えました。

州立大学の救命センターでは、学生の教育に協力すると同意してサインすれば医療費が無料になります。とても貧しい層の人々は、私のような学生の診察でも心より感謝してくれました。末期の肝硬変で腹水のためお腹がぽんぽんに腫れた黒人の女性は、私の手をとって何度もお礼を言ってくれました。

ＷＨＯ（世界保健機関）の仕事で、フィリピンのピナツボ火山噴火により埋もれた村とその移転先を訪れたことがあります。そこには、日本が建てた診療所があり、小さな子を連れた母親が列をなしていました。中をみると、四、五台のベッドには鉄のフレームだけでマットが一枚もありません。簡素なテントに住む住民たちがみんな持っていったのです。そんな中、現地の人々が口々に日本人に感謝していたのが麓から引いた一本の簡易水道でした。それまでは毎朝ポリバケツを手に二時間かけて水をくみに行っていたからです。

いずれにしても、私の使命は重篤患者の命を救うことで、そういう仕事は海外ではアジアに多いのが現状です。

国と国がわかり合えるのは、お金や物のやりとりではなく、人と人の交流だと心から思います。誠実に真心を尽くせば、通じない国はないと信じています。今、私のチームの三分の一、十名が国内外に研修に出ています。積極的に外に出て自分の目で世界に起こっていることと、人々が考えていることに触れ、技術とともに身に付けて欲しい。

逃げずにその場で判断

救命医はつまるところ、逃げずに一人でその状況下の最善を判断しなくてはなりません。この命をめぐる判断に、「検討します」という余地はないのです。手元にあるデータで決断する。常に突き詰めた判断の認識がないと反省も突き詰めたものにはならない。結果が最善でなかったら次につなげるために、厳しい振り返りをする。五年、十年先にはそうして救えなかった命を仲間とともに必ず救えるようにしたい。ただし、すべての努力を傾けてもなお救えない命には最後まで寄り添う医者でありたい、そう思っています。

一九六〇年、東京生まれ。八六年、香川医科大学（現：香川大学医学部）卒。信州大学で博士号取得、現在に至るまで救急医療に携わる。その間、九六年に米国ハーバード大学マサチューセッツ総合病院（MGH：Massachusetts General Hospital）に留学。九九年、東海村（JCO）臨界事故被ばく患者の治療担当、二〇〇〇年、九州・沖縄サミット首脳医療対応、一〇年、APEC（横浜）医療対応、一一年三月、東京消防庁・総務省消防庁の医療アドバイザーとしてレスキューの福島第一原発への注水作業に随行。

世界中のものごとを面白く伝える

（平成二十五年六月号）

落語家　林家《はやしや》彦《ひこ》いち

ごく普通の団体職員の父と専業主婦の母、県内の転勤が多い家庭ながら高校卒業までは鹿児島から外に出ることはありませんでした。小・中・高と公立で、計四回の転校、大学は上京して一人で下宿でした。

母が厳しくテレビはだめ。ラジオはジャンルを問わず許されたものの「勉強して公務員になりなさい」といつも言われていました。

このためか読書好きになり、ＳＦやハックルベリー、トムソーヤなどの冒険物語を読んでいました。高校生になると植村直己さんに憧れ、海外の実話も読みました。弟も私の影響なのか同じでした。

落語と出会い

高校は進学校でしたが受験勉強は好きではありませんでした。「公式は何だか分からなくても覚えろ」、と言われても、根源的なところを知りたくなるのです。物理では「小さい玉とボーリングの球も落ちる速度は同じ」と聞くと、ほーっと驚き、そうした発見が好きでした。歴史も「写楽は実在していない、実はオランダ人だった」という本があると、好奇心は止まらず、そこを掘り下げていきました。

鹿児島から出たかったのと、小学校のころから憧れた空手など格闘技の強い人に会いたい、さらには植村さんも東京にいると思い東京の大学に進学。

入学後、空手部に入り自分を鍛え、それまでラジオで聞いてずっと興味のあった落語を聴きたくなり、新宿の末廣亭に行ったのが十八歳のとき。話芸に魅せられて、「よし、落語をやってみよう」と思ったのです。

日常を描いた寄席。私もしゃべることがあるかもと思いました。何しろ空手部の先輩がろうろうと話す武勇伝が面白い。牛や熊と闘ったり、ビール瓶を割って見せてアメリカ人にゴッドハンドと言われたりと。

そこで、この人と思った初代林家木久蔵の門を叩きました。二度目の訪問で自己紹介を書くように言われ、持って行くと師匠自ら読んで、「じゃあ、明日から来て」となりました。まずは掃除から。昔ながらの打ち水をすることからはじまりました。

海外で落語を紹介

前座になり初高座で寿限無《じゅげむ》をさせてもらいました。三年後に二ツ目に昇進して、昔から行きたかった太平洋の島、ミクロネシアにはじめての海外旅行をしました。何だかぽっかり浮かんでいて楽しかった「ひょっこりひょうたん島」に行きたかったのです。実際、そこではたくさんの発見があり楽しくて、その後も何度か行っています。トラック島やマーシャル諸島マジュロ島にも行きました。幅が二百メートル、長さが六十キロという島、このペタンコの島、道に迷わないし刺激的でした。

そうした旅の話題は直ぐに新作落語にして紹介しました。すると漫画の編集者から声がかかり、八年くらいは落語漫画のストーリーを手伝わせてもらいました。主人公がニューヨークに行くというのがあり、その漫画家と編集者、作家の僕の三人ではじめてアメリカに行ったのが二十代後半。全く英語が話せないと思ったら、タクシーの運転手もターバンを巻いて、片言の英語、降りるときは双方身振り手振り。これも漫画のような面白い場面。それらは全部、一席の話題にもなりました。

ニューヨークには日本の寄席のようなコメディーシアターがあると知り、飛び入りで日本のコメディアンとして落語を英語で披露する機会を得ました。

ロサンゼルスに行ったときには、ラフ・ファクトリ（Laugh Factory）というコメディーシアターへ行き、ここでも飛び入りで片言の英語で一席披露。

世界中に笑いの場面がある

空想好きと落語好きの私は、「落語はシルクロードを渡って日本に来た」と仮説をたてると、それがＮＨＫのドキュメンタリーで採用され、実際にその地を訪ねる機会をいただきました。シルクロードの真ん中くらいにあるカザフスタンでは、驚いたことに一人で何役もやる芸があり、それこそ落語です。五千人くらいの観客の前でそこでも落語を披露しました。

他にも、英語でも分かりやすい親子の掛け合い『初天神』などをマレーシアやブルネイなどで呼ばれては紹介しました。英語落語をしようという気持ちより、海外から誘われると好奇心で飛んで行ってしまうようです。

こうした海外の経験で新たな発見をするのもいいですが、実は日本の祭りも好きで、そうした祭りに飛び入り参加させてもらいます。東北蘇民祭、はだか祭など、マイナス二十度の中、ふんどし一枚で頑張る。けんか祭なども面白い。ちゃんと観客を意識していて、よくできている。お客さんを楽しませ、やるとそのまま心の栄養になるのです。

幼いころにテレビを禁止された兄弟、今、弟は歯科技工士でアメリカに永住、兄は噺家になり海外で落語披露しています。公務員にと厳しく育てたつもりの母の思いとは違ってしまいましたが、地元の取材で「のびのび子育ての秘訣は」などと聞かれ、「何なんでしょうね」と母もそれなりに嬉しそうです。

一九六九年、鹿児島県生まれ。八八年、国士舘大学文学部中退後、初代林家木久蔵へ入門。九〇年、池袋演芸場にて初高座。九三年、二ツ目（前座と真打の間）に昇進。二〇〇二年、真打に昇進。前座のころから新作落語を創る。海外に出向き現地語での落語紹介にも挑戦している。〇六年、読売新聞に掲載のコラムが高校入試問題に採用。高校生と中学生の娘の父。

その場の雰囲気を感じながら通訳

（平成二十五年七月号）

会議通訳　小根山《おねやま》 麗子《れいこ》

家族には海外経験のある人は誰もいませんでした。父は企業に勤めていましたが、転勤が多く、一年同じ場所にいられないこともありました。でも、そのおかげで新しい環境にすぐなじむ能力は誰よりも長けていました。

小学校低学年の頃は、ＮＡＳＡ（アメリカ航空宇宙局）に憧れていました。宇宙はちりでできていると聞き、ちりとは何か、人間はどう生まれてきたのかなど、科学で解明しきれていないことに興味をもったのです。科学雑誌が好きで、それを読んでいるとよくＮＡＳＡが出てきました。いつか私もアメリカやロシアの研究機関で宇宙科学、宇宙工学を勉強したいと思うようになり、英語もそのための手段として意識するようになりました。

英語との出会い

英語との最初の出会いは、小学校五年生のころでした。近所で絵を教えていたアメリカ人で、カーネルサンダース似の毛むくじゃらのかわいいおじいちゃんが、私にとっては初めての外国人でした。彼に絵を習いながら、英語も教えてもらっていました。レッスン中はほぼ全て身振り手振りでコミュニケーションです。この経験が楽しくて、外国人や外国語への恐怖心をとってくれた気がします。

初めての外国はショックの連続でした。小学校六年生の時、オーストラリアのメルボルンにいた叔母を訪ねました。少しは分かると思っていた英語がちんぷんかんぷんでショック。当時テレビで流行っていた「大草原の小さな家」を期待して行ったのに現地の様子はそれと真逆でまたまたショック。

高校時代は近所のアメリカ人の女の子のベビーシッターをしました。その家庭でどっぷりアメリカ文化に浸り、英語に対する思いも深まりました。

海外の大学に行きたいという希望は家族の反対でかなわず、海外に留学しやすい上智大学に進学しました。早速一年の夏休みには二ヵ月半カリフォルニアに留学しましたが、通訳になろうとは思っていませんでした。ところが、就職先の大手広告代理店で、一つの分野を極めるスペシャリストの先輩に出会い、考えが徐々に変わりました。プロフェッショナリズムの素晴らしさに感動し、私もそうなりたいと思ったのです。「それなら英語しかない」、と世界最高レベルの通訳を学ぶために渡豪する決意をしました。

同時と逐次通訳の違い

オーストラリアの大学院は厳しかったですが、通訳の醍醐味を味わい、その楽しさに目覚めました。通訳の仕事をして感じることは、逐次通訳と同時通訳は全く別の能力が必要とされることです。逐次の方が簡単だと思われがちですが、全くそんなことはありません。論理的な思考力、要約力がないとうまく訳出できないのです。外国人はまず結論を先に、理由はその後に聞きたがります。日本人は、一があって二がある。ところで二の背景にはこれがあって、三があって、要するに、結論としてはこうです、というような論の流れが一般的です。言語のもつ論理構造が違います。それを念頭に入れた上で、聴衆の言語的背景を考慮しながら通訳します。

逐次に関しては、枝葉にとらわれず木を見て森を見ず、にならないように注意します。また、一つの情報でもそれを先に言うと聞いている方がきっと混乱してしまう、というものについては後から言うこともあります。ただし、何が大事で何が大事でないかの判断は話し手にしか分からないので当然通訳はそうした判断はしません。また細かいところに目が行き過ぎてしまうと分かりづらい通訳になるので、常に話の大枠を見失わない力が必要です。

聴衆の関心をつかむ

通訳をするときは聴衆が誰なのか、何を聞きたがっているのかに注意します。同じ話でも聴き手のタイプによって訳す力点を変えていくのです。

通訳ブース（席）から聴衆がうんうんとうなづいて聞いてくれているのが見えるときがあります。そのときはその人に語りかけるように訳出します。手元の資料ではなく、話者の声に集中し、聴衆を見て通訳するように心がけています。こうして反応を生で見ることで会場との一体感を感じることができ、通訳ものってくるような気がするからです。

理想は、通訳を介していることを聴き手が忘れてしまうくらい自然に通訳することです。話し手自身、あたかも直接外国人と話しているかのように感じるけれど、実は通訳が介在していた、そんな風にできれば大成功です。

通訳には言語力だけではなく、人間力、集中力、論理的思考力、その場の雰囲気を読む力、文化的なセンス、社会的常識が必要とされます。自分のもてる知識を総動員してその場に最適な形で言葉の変換を行う。そこにやり甲斐を感じます。通訳をしているときの何とも言えない緊張感こそが醍醐味ではないでしょうか。

通訳が入るような会議は、関係者の皆さんの多大な準備の上に成り立っています。一通訳がそれらの努力を台なしにしてはならない。だからこそ、常に万全の準備で通訳に臨みます。通訳は一生勉強なんです。

一九七七年、東京生まれ。都立八王子東高校を卒業後、上智大学外国語学部英語学科に進学。就職した大手広告代理店でマーケティングを二年間担当した後、オーストラリア・クイーンズランド大学大学院通訳・翻訳修士課程を修了。その後、企業の社内通訳を経て、現在、フリーランスの会議通訳者として官公庁、ビジネス、学術関連などの分野の通訳で活躍中。

インドで仏教の勉強

（平成二十六年一月号）

大正大学 名誉教授
佐藤《さとう》 良純《りょうじゅん》

昨年はタイとインドを六回訪問し、ある国際会議での基調講演ではダライラマに隣席した。昼食にも招かれたが、聡明で、人を引きつける力があり、いつもニコニコされている。チベットの仏様と言われるのにもうなずける。

インド留学のときにはネール首相にも食事に招かれた。丁度、インドネシア・バンドン会議の後、平和五原則を推進し世界平和をめざされており、外国人留学生は一度は食事に呼ばれた。お二人とも上におられる方に共通する魅力があり素晴らしいと感動した。

インドへ行く

なぜインドに留学したかというと、三代続くお寺に生まれ育ったからだ。当然のように仏教に親しみ、まず興味をもったのがお釈迦様。インドの方なのだからインドに行こうと東京・芝中学を出たころから思っていた。当時の中学は六年制で、卒業後は東大を目指すも三度失敗。英語以外は満点だったと後で聞かされたが、結局、祖父と父が卒業した大正大学に入った。そこは自由闊達な風土で私には合っていた。

修士課程を修了したときに、インド政府の留学生試験（年一名枠）に合格し、晴れてインドに行けることになった。当時はまだ海外渡航は自由ではなく、国立デリー大学からの入学証書、"Tentative selected for PHD course"（博士課程仮入学）が届いたが、仮ではパスポート発行ができないと外務省に言われた。大学はインドに来たら正式入学許可を出すと。この調整に三ヵ月を費やした。そういう時代だった。

一九五九年六月、横浜の港から貨物船で二十九日かけてインドに渡った。五百トンの大きな船で、途中、神戸、香港、シンガポール、ペナン、ラングーンと回りカルカッタに着いた。高額で早い飛行機よりも、途中、立ち寄る国々で文化の違いを知っていく、この船での渡航により新たな文化に対する慣れもでき、初めての海外船旅を満喫できた。

到着後一週間は、覚えたての三つの言葉、パーニー（水）、カーナー（食事）、ソーナー（寝る）でしのいだ。

英語を話し続ける

インドでは基本語はサンスクリットながら、政府公認の言語は四十八もあり、公用語はヒンディー語、準言語が英語だった。インド人でも話す言葉が違うのは私にとっては良かった。大学寮では学生同士、英語でやりとりした。

日曜日はテレビがないので、新聞を読み、朝食のあとは学生同士の話し合いが始まり、夜寝るまでしゃべり続けた。話を止めたら負け、相手より劣っていることになる。朝は結構真面目な話で「人間とは何ぞや」などを論じ合うが、午後になると疲れて、夕方には、「今朝の卵はおいしかった」、「明日は雨になるだろう」などと空を見上げて話す。それでも話し続けるのだ。

インド人の話し方にテープレコーダータイプがある。私が命名した。相手の言ったことを繰り返して最後に「でよかった」、「はよくなかった」を付けることで長い話ができる。もう一つは省略タイプで「よかった」、「残念だった」とだけ。いずれか両極端だ。

思えば、般若心経も五頁くらい同じことが書いてある。「〜と同じ」、「〜ない場合もある」といった具合だ。この繰り返しで暗記することができる。それに通じる話術なのかもしれない。

三千五百年前の姿が目の前に

博士課程は書物一冊を主任教授と読む。休みも多く、夏、冬、春休みに加え、酷暑休みもあり、いつも旅に出た。お陰様で三年半で全インドを旅した。

学割の鉄道を使い、乗継駅で列車が二十四時間遅れになると、「一日待てば次が来る」と行き当たりばったりだ。駅ではマハラジャテントを張り眠る人が多かった。夜になると近くの家に泊めてもらった。日中五十度を超える暑さが民家では土の上に寝るので冷っとして快適だった。朝起きると牛の顔が目の前にあり驚いたこともあった。

事件など何も起こらなかった。どこでも人情味があり受け入れてくれた。どこから来たかと聞かれると、顔が似ていてヒンディー語ではないアッサム出身と日本語で話をして、あとは英語を使った。「言葉は以心伝心。必ず伝わる」、これが今に至る心情だ。

インドに行ってわかったことは日本のことを知る大切さ。日本語も完璧に話せないとどんなに外国語ができてもだめ。日本の面積、人口、鉄道総キロ数、温泉の数、富士山の数、そう蝦夷富士などたくさんある。質問されて、何て日本を知らないのかと気づいた。

次に、自分自身の考え方をしっかりともつこと。たとえば、私は仏教徒だなど、何事にも意見をもっていると、どこに行っても大丈夫だと確信した。

三千五百年前にもあった鉄を使わない車が今もある。それは「変わらない」、「変えようとしない」結果だ。それで十分に幸せな生活がある。「お金は人生にとって問題にはならない。生きていればいい」をインドで勉強できた。

今、書き上げ日本で出版した本、『ブッダガヤ大菩提寺』を英語訳し、ベリーのMotilbaranasidass書店で出版してもらう。留学していたときに、行くところがないと一日中、そこにいたものだ。仏教の本を求め世界中の専門家が訪れていたが、いつしか本の名前を聞くと棚から取ってあげていた。彼らと議論もした。店主は三代目になっているが、この本屋さんはこれからも続いていくことだろう。

一九三二年、東京生まれ。五九年、大正大学大学院修士課程修了後、インド政府招待留学生として国立デリー大学大学院人文科学研究科入学。六二年、同仏教学専攻博士課程修了。帰国後、大正大学助手、助教授を経て教授。東京都文京区の光円寺住職。祖父の代からの学校法人明照学園（幼稚園）理事長。娘二人、息子一人の父。

ロシアで二十年、五輪聖火ランナーに

（平成二十六年二月号）

ロシア連邦・ノボシビルスク市在住
白浜《しらはま》 千寿子《ちずこ》

長野県安曇野で、洋服店を営む商売人の家庭に育ちました。国際交流とは全く縁のない家庭だったので、大学に行くまでは海外との接点はありませんでした。東京の大学でロシア語を専攻し、卒業後はすぐにロシアに渡り就職。現地で知り合ったロシア人と結婚しましたが、父母は特段の反対をすることはありませんでした。とても自由な家庭に育ったのだと感じています。

ロシアに魅せられる

高校時代の終わりにロシア文学者、ゴンチャロフの作品、『オブローモフ』（貴族階級に暮らす主人公の生涯）を読み、衝撃を受けました。それがきっかけでロシア語学科に学び、在学中にはロシア・ノボシビルスクでホームステイをしました。自分の目でどうしてもロシア文学の世界を見てみたいと思ったのです。

一時はロシア語の勉強がいやになり大学を辞めようとさえ思ったこともありましたが、ロシアへの思いは持続し、勉強を続け卒業しました。

就職は、周りの学生のように日本の会社に入ると、将来が固まってしまうように感じられ、ロシアを選びました。当時、物が溢れている日本よりも経済が混乱して品不足が生じているロシアの生活に魅力を感じました。

ホームステイをしたノボシビルスクでは、日本語教師助手の職がたくさんあることも知っていたので、卒業後まもなくノボシビルスクに渡りました。

九五年からは中央アジアの旧ソ連邦共和国、キルギスで日本政府設置の日本センター開所準備に携わり、その後、ウラジオストク、モスクワの日本センターで働きました。

半年のキルギス勤務では、何度も食中毒にかかりかなり苦労しましたが、同僚のキルギス人たちとの仕事を通じての交流は今でもとてもいい思い出です。その後、ロシア極東のウラジオストクでも、同僚に恵まれ非常に楽しい日々を過ごしました。日本と違うキルギス、ロシアの職場文化をつぶさに感じ、楽しむと同時に貴重な経験でした。

二〇〇一年、東京勤務を命じられたのを機会に、教え子だったロシア人と結婚しました。日本とロシアで別々に暮らす時期を経て、〇六年からはノボシビルスクで一緒に暮らし、今は夫のレストランビジネスを手伝っています。

懐が深いロシア人

レストランのロシア人従業員との付き合いは、心地よいことばかりではありません。外国語や外国文化にも関心のある日本センター時代のロシア人とは違って、時に厳しく指導する必要もあります。職場では仕事以外の私用はしないこと、言われたことが終わったときはほかのスタッフの手伝いも仕事になることなど、こと細かく話します。それでも、ロシア人と日本人の性質の違いを直に感じられることは貴重な体験だと思っています。

ヨーロッパの国に旅行に出かけたときは海外と感じますが、ロシアに来ても外国とは感じないほど、自分の中でロシアは特別の国になりました。それは、夫の親族、友人たちとの親しい付き合いからくるのかもしれません。

反面、ロシアでの生活はある種、気合いと緊張感が必要とも感じます。少し油断して気を緩めると、自分の当然の権利が享受できなくなったりします。正直、三ヵ月に一度くらいは海外に出て緊張を解きたい衝動にかられます。

先日、夫にその話をしたら、ロシア人も同じような感覚を覚えると聞き、この感覚が外国人だけではないことに驚いたところです。

ロシア人の良さは、あまり細かいことを気にしないおおらかな気質、そして人としての懐の深さなのかもしれません。

ソチ五輪、聖火ランナー

昨年十二月、以前勤務したことがあるウラジオストクをソチオリンピック聖火リレーランナーとして走りました。距離にして約三百メートル。これといった準備もないままぶっつけ本番でしたが、あっと言う間に終わりました。

参加のきっかけは、友人が聖火リレーランナーの応募用紙をもらってきたので、自分もと思い、ウラジオストクでの勤務経験を書いて応募しました。結果、その友人は採用されず、縁あって私が選ばれ、自分でも驚きました。

聖火ランナーとして走った後は、ロシア、日本、キルギス他、色々なところからメッセージをもらいました。長い間連絡をとっていなかった友人からもメールや手紙が届き、旧交を温めることもできました。聖火ランナーになってよかったと思いました。

日本の二十代、三十代の人たちには、日本で一通りの社会人としての基本を習得したら、積極的に海外のビジネスの場に飛び込んで行って欲しいと思います。日本人は勤勉で組織への忠誠心もあります。優秀な日本人が活躍できる場は世界にたくさんあります。夫のレストラン業でも優秀なマネージャークラスの人材を求めています。

海外で生活していると、日本の伝統文化のことをよく聞かれます。私の反省点でもありますので、海外に出かける前、日本にいるうちに日本の伝統文化などはしっかり勉強して欲しいです。

一九六八年、長野県生まれ。九二年、上智大学外国語学部ロシア語学科卒業後、ロシア連邦・ノボシビルスクで日本語教師助手となる。その後、キルギス共和国、ロシア連邦・ウラジオストク、モスクワで、日本国政府により設置された日本センターで勤務。二〇〇一年、ロシア人と結婚、現在、ノボシビルスク在住。

開かれた日本であってほしい

（平成二十六年十月号）

一般社団法人国際フレンドシップ協会 会長
平形《ひらかた》 澄子《すみこ》

ＩＦＡ、国際フレンドシップ協会が設立されたのは一九六九年、当初の活動の一つとして、海外の学校を卒業した日本人の日本企業への就職に関する情報提供がありました。その後、八〇年代には帰国子女の数が増え、そうした活動が交流事業へと変わっていきます。その流れをつぶさに経験した私が、今、ＩＦＡの会長に選ばれ、国際交流・協力促進の事業を推進するにあたり自らの経験が少しでも役立てられればと思っています。

キューバ革命に遭遇する

学齢期にキューバ、英国、タイでの海外生活を送りました。今の仕事もそうですが、新しいこと、異なる文化の発見がある生活は楽しいものです。

一九五七年六月、商社勤めだった父の転勤で母、姉とともに氷川丸で米国・シアトルに渡り、そこからキューバへ向いました。着いたその日から、近所のアメリカ人と遊び始めていました。子供の順応性というのはすごいものです。父が準備してくれた学校にすぐに通い始めました。数ヵ月して、忙しくしていた父から学校はどうかと聞かれ、「毎日歌って、踊って楽しい」と答えました。おかしいと思った父が確認すると、小学校に入学させたはずの私は幼稚園に入園させられていたのです。背丈の低い私は何の違和感ももたず、もたれなかったのでしょう。すぐに小学校に移らせてもらいました。

五九年元旦、例年のように日本国大使館に現地在留邦人が集まりお正月のお祝いをしていると、外では銃声が鳴り響きはじめました。当時、何が起きたのがよくわかりませんでしたが、それがキューバ革命だったことをあとで知りました。それまでのキューバは米国式の生活でしたが、革命後は当時通っていたスペイン語と英語の両方で教えてくれた学校はなくなり、スーパーマーケットも閉まりました。デパートは焼かれ、家から見る景色も変わりました。裕福な友だちの家族はあっと言う間に亡命しました。朝の道路には夜中に通ったと思われる戦車のキャタピラーの跡も見られました。いつの間にか在留日本人も脱出し、母、姉、私の三人は、その夏、船で米国・タンパに渡り日本に戻りました。

父は六二年十月のキューバ危機の直前までカストロ政権下で仕事を続け、砂糖工場を建設しました。この工場は今も残っているそうです。

英国での高校生活

帰国後は東京に戻り、私立啓明学園の小学四年生に編入しました。内部進学した中学では、毎日担任の先生に反抗するのが楽しみでした。担任は姉と同じ先生でしたが、明るく素直な姉と議論好きな私の違いにさぞかし戸惑ったことでしょう。

六六年春、私が中学、姉が高校を卒業すると、家族三人で父が赴任していた英国・ロンドンに渡りました。私たちが着くと、いきなり、父から「澄子は高校の寮に入るぞ」と言われ、とまどいましたが、決まったことだから仕方がないとあきらめ、九月から、ロンドンから遠くの寮での高校生活が始まりました。学校ではなかなか英語についていけず、静かに美術や数学に励みました。ところが入学して三ヵ月目、耳にしていた英語が突如、わかるようになったのです。すると以前の性格に戻りました。おかしいと思う寮の規則を校長先生に申し出て、ことごとく変えていきました。例えば、上級生は三人以上なら週末に映画や散歩に行けるようにしたり、週一回の洗髪も週数回は洗えるようにしました。当時の校長先生は、私が初めての外国人だったこともあり、じっくり私の主張を聞いてくれたようです。その寛容さには感謝しています。

言葉の大切さ

高校卒業後は、父が赴任していたタイで二年弱生活しました。タイ語、フランス語と油絵を学びましたが、学校には行かずに、友だちとパタヤの海にばかり遊びに行っていました。これは「いかん」と思った父から、日本か英国に戻って勉強しろと言われ、英国に戻り、絵の専門学校に入学しました。卒業後は、パリのボザール（フランス屈指の伝統ある美術学校）で絵の勉強を続けようと思っていましたが、帰国後母が体を壊し、パリ行きはあきらめました。母の体調の回復後、東京放送（ＴＢＳ）で東京音楽祭というイベントの仕事を始めました。英語が話せることで重宝がられ、色々な部署で仕事を頼まれました。八年間の勤務の後、自分の知識や経験と人脈を生かせる仕事をしたいと思い、独立し通訳・翻訳会社を立ち上げたのです。

仕事をしていて感じるのは、日本の社会は異なるものを排除する傾向にあるということです。世界は異なる文化や考え方に溢れています。それらに関わりなしで生きていくことはできません。人は一人では生きていけないのと同様、国も一国だけで生きてはいけません。一人ひとりが自国を知ったうえで、他国を知り、他国の文化や言葉も学び、他国と共に生きていくことを実感してほしいです。日本語と多くの外国語、お互いの文化を大切にしながら、その壁を乗り越える架け橋となっていけるよう、これからも日々努力をしていきたいと思っております。

一九五一年、東京生まれ。六六年、私立啓明学園中学校を卒業後、英国ダグラス・ハウス・スクールに学び、六九年卒業。その後、タイでの生活を経て、英国カムデン・アート・センターで学び、七五年、ＴＢＳテレビ勤務。八三年、株式会社ウィルビー・インターナショナルを設立し、代表取締役となる。二〇一四年九月、ＩＦＡ会長に就任。

心に響く音は、言葉と文化を超える

（平成二十六年十一月号）

国立音楽大学 音楽学部 演奏・創作学科教授
大友《おおとも》 太郎《たろう》

子供の頃から音楽とともに色々なものに興味をもちました。野球、サッカー、めんこ遊び、釣り、模型作り、天体観測、写真、手品、絵画、射的、医学等々。中でも模型作りなどの物づくりは、完成させたときの感動が忘れられず、その方面の仕事をしていきたいと思うこともありました。でも、それ以上に爽快な気分を感じることができたのが音楽でした。演奏した音は形には残りませんが、仲間や観客とともに味わう演奏後の一体感は格別で、一度味わうとやめられなくなりました。

音楽との出会い

音楽好きの両親の下に生まれ育ちました。父は大学教員、母は小児科医でしたが、二人とも歌が好きで、小さい頃からよくオペラに連れていかれ、家では、レコードプレーヤーからモーツァルトがよく流れていました。私は言葉を話し始めるのが遅かったようですが、いつも耳にしていたクラシック音楽は言葉を話す前から口ずさんでいたと聞いています。

三歳からピアノを始めましたが、小さい頃はいやでいやで、わざとピアノの教室に行く前に野球やサッカーで服を泥だらけにして、ピアノに行かなくてもすむように悪知恵も働かせました。でも、やはり音楽は好きで、小学校に入る前からハーモニカを吹いたり、小学校に入ってからも、自作の金属性のピッコロをランドセルにしのばせては学校に持っていき、時間をみつけては吹いたりしていました。アコーディオン、ギター、エレキギターもよく弾きました。中学校では吹奏楽部でトランペットを吹き、フルートも先生についてレッスンを受け、他に尺八も吹いていました。機会があればあらゆる楽器を試しました。

両親はとても忙しくしていましたが、月に一度は私を渋谷にあるプラネタリウムに連れて行ってくれました。同じ建物に射的場もありそこに寄るのも大の楽しみでした。それが影響してか今ではクレー射撃をするようになっています。

突然の進路変更

中学時代には、母の紹介で高橋功博士に、アフリカのランバレネでシュバイツァーと生活をともにした話をお聞きし、人のためになる医学に心惹かれました。同時にエンジン飛行機などを作る物づくりの楽しさにも魅了され、進路を決めかねました。そんな中、中学三年の秋の三者面談で、突如ひらめいて私は音楽学校に進学すると担任と親に伝えました。そこから受験までは、楽典の勉強、フルートのレッスンと慌ただしい日々でしたが、幸運にも大学付属音楽高等学校に入学できました。

高校三年生の時、後に留学先で師事することになるバウル・マイゼン氏が旧西ドイツから来日し、フルートのオーディションを受け旧西ドイツ・デトモルト音楽院への入学を許可され、同音楽院のある西ドイツへ留学しました。

ドイツ語は高校で習ってはいたものの、現地での生活では困ったこともありました。例えば、演奏会の練習打合せの際、練習の開始時刻の五時半を六時半と聞き違え、行ってみたらすでに練習は終わっていました。また、西ドイツのヴァイデナウという地での演奏会が現地集合となったことがありました。私が約束の日時にヴァイデナウの教会に行くと、そこには誰もいません。近所の人に聞くと、西ドイツには他にもう一ヵ所ヴァイデナウという町があるというのです。慌てて三百キロメートル離れたもう一つのヴァイデナウまでアウトバーン（ドイツ語：Autobahn 速度無制限道路）を車で駆けつけたこともありました。当時は必死でしたが、今思えば、これらの失敗も、西ドイツを肌で感じるいい経験になったと思っています。

音楽は人の心を伝える

七〇年代の西ドイツは冷戦真っ只中で、東西ドイツの緊張も肌で感じました。二十七歳の時、八年半の留学の後に帰国しましたが、つくづく日本は安全で豊かな国だと思いました。

帰国後は日本国内他、海外へも演奏旅行に行くようになりました。韓国に行った際には英語の他にドイツ語でも音楽家と話ができます。韓国では音楽家のドイツ留学率が高いからです。本場ドイツでは苦労したドイツ語も第三国では快適なコミュニケーションの手段になっています。

日本にいてテレビの画面から世界を見ていても、本当のその地のことはわかりません。さまざまな国の人たちと出会い話をして肌で感じて、はじめてその地、国を知ることができました。

さらに音楽は人の心を伝えてくれます。演奏を聴くと演奏者の考えていることがわかります。この人はこの曲の良さをよく分かっている、この若い人は技術はあるが自分を売り込むのに一生懸命だ、などと感じるのです。心に響く音というものは、純粋に雑音がない音というものではなく、聴衆の心に必ず届き、言葉と文化をも越えて伝わるものだと思っています。

そうした心に響く音色をいつまでも求め続けながら、演奏活動や後進の指導に当たっていきたいと思います。

一九五四年、東京生まれ。七三年、国立音楽大学付属音楽学校卒業後、国立音楽大学フルート科に内部進学。大学一年の途中に旧西ドイツ・デトモルト音楽院に留学。その後、ミュンヘン音楽大学に移籍。この間、ドイツ・バッハゾリステンの一員として多くの演奏会に出演。旧東ドイツ・マルクノイキルヒェン国際音楽コンクールフルート部門で第一位受賞など数多くの賞を受賞。八二年、帰国後、国内で演奏家として活躍、現職に。妻と子二人。

仕事すべてが国際関係

（平成二十七年二月号）

ハンエアージャパン 取締役会長
安藤《あんどう》 光郎《みつお》

日本航空に就職したのが丁度、国際線の伸びる時期に当たったこともあり、入社一年目から国際線業務に配属。以後四十年間の航空業界での仕事のほぼすべてが国際関係分野で過ごしてきました。米国、香港と海外駐在期間も長く、現在の仕事はドイツの航空会社なので、日本代表ではありますが、海外との連絡が多いです。こうした経験から、ＩＦＡ理事になって今年で三十四年。いささかでも自らの経験を国際交流に役立てたいと思っています。

最初の英会話は進駐軍

銀行員で、インド・ボンベイなどに赴任経験がある父、専業主婦の母のもと育ちました。戦前でも朝食はトーストにマーマレード、ベーコンエッグがでてきたり、父や職業軍人だった祖父などから、戦前の厳しい国際情勢について自然と耳に入るような家庭であった点では少し一般の家庭と違っていたのかも知れません。

小学校五年生のときに終戦。当時、集団疎開していた栃木の塩原温泉では、食べ物がなく、栄養失調になりかけるほどでした。一九四五年八月の終わりに、東京に戻ると、品川にあった家は焼けていて、田園調布の親族の家に仮住まいしました。折しも厚木にいたマッカーサー最高司令官が東京に移動するというニュースをラジオで聞いた私は、兄と一緒に近所の丸子橋に行き、大名行列のような進駐軍を目にしました。このときが外国人を見た最初になります。米軍のジープやトラックの桁外れの大きさに驚くとともに、こんな国と戦争をして勝てるわけがないと小学生ながらに感じたのを覚えています。

同年十月には、父の転勤で家族皆で北海道・小樽に引っ越しました。ところが、入居した社宅が間もなく小樽に進駐した米軍に接収され、別の社宅に再引越しすることになりました。その接収された家の前で会ったのが、ベンとレスという米軍の歩哨兵《ほしょうへい》でした。近づいて行き、日本の絵葉書をあげ、身振り手振りで意志疎通しました。彼らは喜んで、お返しに缶詰、スープ、洗剤などをくれました。このベンとレスとの会話が外国人との初めての接触です。

この経験から外国人との会話に抵抗感がなくなった気がしています。日本の英語教育は読み書きが先行しがちですが、聞き話すことが先の方がいいのではないでしょうか。それが言語習得の自然な流れのように感じます。

ジャズにのめり込む

小樽の小中学校時代は、私が最も勉強した時期です。というのも、小樽の学校の生徒の四割ほどは東京から親の仕事で引っ越してきた子たちで、地元の子とは、仲も良かったのですが、いざ勉強となると東京組と地元組で張り合っていました。良くも悪くも、子供の成績が親の関係まで絡んでいたので、自分も親に恥をかかすことはできないと必死に勉強しました。お陰で、中二で横浜へ引っ越しをするまで、小樽の学校では常に成績は一番でした。英語もこのとき力をつけた気がします。

高校は東京のキリスト教系の大学に附属する私立校に入学。高校時代はあまり勉強には身が入らず、友だちと麻雀をしたり、クラシック、ジャズ音楽を聞いたりと自由な時間を過ごしていました。

ジャズへののめり込みは相当で、日本のジャズ・ミュージシャンを東京近郊の米軍基地に斡旋することまでしていました。金曜日の夜に新橋、銀座のホテル、ナイトクラブで演奏したジャズ・ミュージシャンを集めては、その中から米軍基地が必要とするメンバーを人選して、近郊の米軍基地に紹介していました。ジャズ好きな私も、一番いいグループに交じって米軍基地に行き、ジャズを堪能していました。当時の日本人音楽家たちの基地に行くお目当ては、流行曲の音符、歌詞、コードが載っている“Hit Kit”という小冊子です。そのころは楽譜がなく、音楽家たちは進駐軍のラジオで放送される歌を聞き、書き取っていたのです。基地でもらえる楽譜は当時の日本のジャズ・ミュージシャンにとって至極の報酬でした。

やり遂げる強い気持ち

大学四年の時、今のソニーの前身となる東京通信工業で週五日のアルバイトをし、そのまま就職も誘われましたが、最終的に、人の紹介もあって日本航空の試験を受け、運よく採用となりました。入社すると、同期に小樽時代に成績を争った同級生がいたり、高校時代によく英語で会話をしていた宣教師の先生がその後米国商務省観光局日本代表になり、仕事上でも、お付き合いするようになるなど、人の縁を感じることが多々ありました。

国際貨物を担当しているときには、エアーフランス、ルフトハンザ、キャセイ航空、日本航空の四社で航空貨物追跡システムを作る取りまとめ役になりました。周りからは、ラテン、ゲルマン、アングロサクソン、日本の四民族で一つのプロジェクトをまとめるのは、到底できる訳はないと散々に言われましたが、それでも最終的には各国民性も踏まえ、歩み寄りを重ね、プロジェクトをまとめ上げることができました。大きな困難に思えることでもやり遂げようとする強い気持ちがあればどうにかなるものです。たとえ国や文化、考え方が異なっているとしても。

一九三四年、東京生まれ。五七年、青山学院大学経済学部卒業後、同年、日本航空株式会社入社。同社で国際貨物営業部長、常務取締役国際旅客本部長、常務取締役米州地区支配人兼ニューヨーク支店長などを歴任。九五年、ディー・エイチ・エル・ジャパン株式会社代表取締役社長、八一年よりIFA理事。二〇一〇年より現職。妻と子二人。

新しい世界を知る扉、英語

（平成二十七年八月号）

英語教室“JOY ENGLISH”主宰　日下部《くさかべ》順子《じゅんこ》

英語の楽しさを伝えたくて、近隣の子供たちに英語を教え始めてから二十年になります。現在は小学生から大人まで、幅広い層の生徒さんが在籍し、英会話から大学受験、留学のサポートなど、個々の必要に合わせた授業を行っています。今年四月からは地域の小学校で五、六年生の英語活動にも携わっています。英語という言語の向こうに、新しい世界・可能性が広がっていることを一人でも多くの生徒に伝えたいと思っています。

英語との出会い

小学一年の時、たまたま隣家の人が中学の英語の先生だったことから、その方に英語を習い始めました。レコードで英語の発音を聞き、正確に繰り返すという発音中心のレッスンでした。その後、入学した私立中高一貫校では、英語の授業は文法を含めて全て英語で行われました。最初から英語で英語を理解するというのは難解でしたが、発音に関しては苦労することが少なく、隣家のおじ様のお蔭と感謝しています。

中学の時、友人からビートルズやカーペンターズを教えられ、洋楽の虜になりました。やがて、黒人アーチストの音楽やジャズに興味をもち、大学卒業後はニューヨークを旅し、ミュージカルや演劇を楽しみました。英語の歌は大好きでずっと歌い続けています。

音楽好きが高じて、八五年から二年間、NHK神戸でFMの音楽番組を担当しました。洋楽の紹介、来日アーチストへのインタビューなど、ワクワクしながらお仕事する日々でした。

その後、結婚し、夫の転勤に伴い九十年から四年間シンガポールに滞在、現地の歴史と文化に興味をもち、国立博物館のボランティアガイドをしました。淡路島ほどの小さな国が急速に発展した背景や、中国とマレーなどが融合したプラナカン文化は魅力的でした。他国からの駐在者も多く、ドイツ、スイス、イギリスの友人たちとは手作りのお菓子を持ち寄りおしゃべりを楽しみました。現地で息子を出産したときは皆が病院に来てくれて、"gorgeous baby"（立派な赤ちゃん）と祝ってくれました。今もクリスマスカードで互いの近況を報告し合っています。アメリカ人の友人とは、娘がニューヨークに留学している時、訪米し十五年ぶりに再会しました。同じ教育者として共感することが多く、夜更けまで語り合ったのは楽しい思い出です。

ホストファミリーになる

二〇〇八年より、欧州や米国からの中高生のホームステイを引き受けるようになりました。

短い期間でも打ち解けて家族のようになれ、帰国後も連絡を取り合い、世界中に息子や娘がいる気分です。チェコからの留学生などは日本好きで、毎年「ただいま〜」と言って帰ってきます。教室の生徒にとっても彼らとの交流は貴重な機会です。留学生の自国の紹介を熱心に聞き、反対に日本の若者文化を英語で一生懸命紹介する姿は微笑ましいです。最近は生徒のご家庭にも留学生を引き受けていただく機会が増えました。皆さん良い経験ができたと喜んでくれています。この市民レベルの交流こそが真の国際交流だと私は思っています。

留学生とは楽しいことばかりでなく、問題を感じることもあります。その場合は積極的にコミュニケーションをとり解決するようにしています。ある時、「ありがとう」という言葉をなかなか言ってくれない留学生がいました。毎朝お弁当を作って渡しましたが、ただ受け取るだけ。帰宅後、お弁当箱を返すときも何も言ってくれません。この状態が一週間続き、たまりかねた私は思い切って彼に、「他人に何かをしてもらったら、とにかく〝ありがとう〟と言うようにすれば、みんな嬉しくなり、もっとあなたによくしてくれるようになるよ」と伝えました。彼はすぐに理解して、翌日から実行するようになりました。その後は打ち解けて、文化の違いなどについて本音で話せるようになりました。彼は今、夏目漱石を日本語で読み、日本人をさらに深く知ろうとしています。

海外を知り、日本を知る

アフリカのエリトリアで生まれ育ち、高一のときにスウェーデンに移住したという黒人の高校生を受け入れたこともあります。彼はイスラム教徒で、我が家に滞在中も部屋にメッカの方角がわかるマットを敷き、朝晩お祈りしていました。彼との会話の中で、彼と日本人との共通点を見つけたのは、学校での掃除のことでした。スウェーデンの高校でのある日の昼食時、カフェテリアで食器を落とした生徒がいたそうです。食器は壊れ食べ物が散乱しましたが、誰も片付けようとしない。とっさに彼が片付け始めると、周りの生徒から拍手がおこり、先生たちにも大変褒められたそうです。エリトリアでは普通のことがスウェーデンでは感心され、とても驚いたと言っていました。

スウェーデンでは学校の掃除は清掃スタッフの仕事と決まっているそうです。日本では、生徒が自分たちの手で自分たちの学び舎をきれいにします。日本の学校教育の素晴らしさに、改めて気づきました。海外を知って、新たな目で日本を見つめる。これからの子供たちはどんどん海外に出て、自分の世界を広げてほしいです。そのために、少しでもお役にたてれば幸せです。

一九六〇年、兵庫県生まれ。神戸女学院中高部を経て、八二年、同大文学部英文科卒。八四年まで関西経済連合会勤務。八五年から八七年まで、ＮＨＫＦＭ神戸で音楽番組担当。九五年から英語教室を始める。二〇一五年四月より地元小学校の英語活動に携わる。趣味の歌では年に数回のコンサートを開催。夫と子二人。

フラメンコに魅せられて

（平成二十七年十月号）

スタイリスト　松田《まつだ》　綾子《あやこ》

国際交流には全く縁がないと思っていました。それでも何人もの方から貴方にいろいろな国のことを聞くと、実際に行きたくなる。その国の人を知りたくなると言われていました。スタイリストの仕事は映画の役者や雑誌のモデル、テレビの出演者の方々に目的に合った服装を選んで着ていただく仕事です。日本国内や海外、さまざまな所で仕事をしてきました。そんな話に皆、興味をもってくれます。特に、趣味で十七年間、稽古を続けているフラメンコの踊りを見に来てくれる人に、スペイン、フラメンコって素敵と興味をもってもらうと嬉しくなり、こんな私を通して世界の国々を好きになってもらうのも「国際交流」かしらと思えてきました。

ファッションに興味

母方の祖父が東京・神田で大正時代に洋服の仕立をしていたそうです。幼い私や姉、兄の洋服はいつも専業主婦の母の手作りでした。どこの家もそうだったのかも知れませんが下着も木綿のレースを付けて作ってくれました。

短大を卒業するときに、銀行勤めの父から仕事はどうするのかと聞かれ、さて何がしたいかと考えたときに頭に浮かんだのは、洋服やファッションです。そこで、服飾について学ぶために文化服装学院に入学することにしました。最初の二年は洋服の基礎、ブラウスやワンピースを作り、三年目には専門的な技術を学びました。

そして就職です。やりたいと思ったのはファッションを扱う本の編集です。当時は数少ないファッション雑誌の中で、『装苑《そうえん》』に興味をもち、発行元の学校法人文化学園文化出版局に応募し入局しました。それまで全く出版の知識はなかったのですが、編集に配属されて、ファッションの頁を任され、四年と二ヵ月、編集に追われる日々でした。

四年たったときに、少し足を止めて将来の方向を考えたい、編集ではなくファッション自体にもっと向き合いたいという思いがつのり退職しました。

映画のスタイリスト

一九八二年六月、辞めてすぐのころ、いつも撮影用の洋服を借りていた会社の社長と偶然出会いました。何もしていないならパリにカタログ作りに行くから手伝ってと言われ、面白そうと思い制作チームに参加しました。イタリアで有名な帽子屋、ボルサリーノで帽子を見たり、パリ本場のモデルの着付を手伝ったりと、いつも編集でやっていたことなので、その場所が海外でも自然と仕事ができました。何でも積み重ね、無駄な仕事はないと思いました。

帰国し、その社長に映画の仕事でアシスタントを探しているデザイナーがいると紹介されました。村上龍原作の『大丈夫マイフレンド』という映画の主役、ピーター・フォンダの衣装を担当するデザイナーでした。

あと二ヵ月で撮影が始まるとのこと、まず頼まれたのが、ロサンゼルスのMelrose Ave.（メルローズ・アベニュー）という骨董（古着）通りでフォンダさん他三人の若者用の服を買ってくるという仕事。編集でニューヨーク・コレクションの取材には行ったものの、ロサンゼルスは観光旅行をしただけ、不安もありましたが引き受けました。

多額を持たされ何十着もの買物です。一度買ってホテルに戻り、一晩考えて、また同じ店に行き確認したりもしました。帰りの飛行機で、こんなにたくさん買って、もし使えないとなったらどうしようと心配でした。帰国後すぐに見てもらうと、デザイナーからは、「八十点だね。いいんじゃない」と。その八月にサイパンへの撮影隊に同行、その後スタイリストの仕事が始まりました。二十七歳のときです。

スペイン舞踊との出会い

華やかに見えがちなスタイリストの仕事ですが、実際には準備など、雑務がほとんどです。借りてきた靴は撮影時に汚れないように底張りをし、洋服はアイロンをかけ、素材を書き写し、絵型を描いたり、写真を撮り、特徴のあるデザインを書いた後に返却。その後に記事にします。洋服から小物まで自分の心が動かなければ使えません。好きな物を大切に扱い、それが着用されたときの満足感で続いています。

いつものように車を運転して青山や六本木で洋服を借り、西麻布から美術館に抜ける道を通っていると、ある日、ふと看板に目がいきました。「小島章司スペイン舞踊」です。どんな舞踊だろうと気になりながらも仕事に追われて十年位たったころです。家庭画報の仕事で撮影のときに、女優さんが「フラメンコなら一日に何時間でもやるの」と話されたので、思わず私もやってみたいと言うと、「それなら小島章司先生が一番」と。そこであの看板を思い出し門を叩きました。

週二回、夜二時間のレッスン。仕事で遅れることも多かったけれど、仕事もフラメンコも好きだから続けられる。それぞれ難しくて大変だけれど、続けることが大事で、自ずとひらめきも浮かぶ。今月公開の映画、『ベトナムの風に吹かれて』ではハノイに行ってきました。こんな形で海外と関わっています。

一九五四年、東京都生まれ。七五年、実践女子短期大学文学部を卒業後、文化服装学院に入学。七八年、同学院服飾専攻科卒業後、雑誌『装苑』に就職、編集担当。八二年に退職後、フリーのスタイリストとなる。九〇年、同じスタイリストの友人と有限会社オフィスドゥーエを設立、以後、スタイリストとして、雑誌、広告、映画、テレビ番組等の衣装担当、現在に至る。

将来のリーダーに教え子が

（平成二十七年十一月号）

インドネシア中学校・高等学校日本語教師会会長 日本語教師　ゼニ・クルニアワン

インドネシアは東の端がニューギニア島の西パプア州、パプアニューギニアと接しています。最西端がパンダアチェ州で、東西約五千キロメートル、米国の東西とほぼ同じ距離です。その間に約一万八千の島があり、人口は二億四千万人、中国、インド、米国に次いで第四番目です。私の生まれたのは東ジャワ島で、丁度中央、首都ジャカルタの東に当たります。教員の父に主婦の母、その八人兄弟の六番目でした。

幼いころから父を見て育ったので、一生懸命に勉強をしました。兄弟のうち三人が教員になっているのも父の影響です。小学、中学、高校はほとんど休みもせずに学校に通い成績も良いほうでした。大学は東ジャワの国立教育大学日本語科に入り下宿生活でした。

大学で日本語を専攻

日本語を専攻したのは、高校生のときに日本語を選択してからずっと興味をもっていたからです。戦後の経済成長や伝統文化など、知れば知るほど実際に見てみたいと思いました。

就職は卒業のころに丁度、日本から進出してきたスリッパ工場で通訳の職の募集があり応募し、一九九二年、採用されました。仕事をする日本人との会話は初めてでしたが、面白いようにでき、話せば話すほど上達し、学ぶことの多い四年間でした。

会社生活でもう一つ得たものがあります。大学のときのように下宿生活でしたが、その下宿の娘と後に結婚しました。

仕事は順調でしたが、ある日、訪ねてきた父が、「今の職は給与もいいし日本語も使えるけれど、教員はいいよ。『あの人は私の教えた子なんだ』と偉くなった人を指さして言えるんだから」と言うのです。笑って聞いていましたが、折しもインドネシア教育省の日本語教員募集の案内を目にし、応募しました。採用が決まり、九六年、三十歳のときに公務員になったのです。

最初の赴任地はバリ州の州都、デンパサールの高校です。それまでで一番遠い地でした。

研修で日本へ

九六年六月、バリ島に着いた時、外国に来たような感じがしました。インドネシア人の九割がイスラム教で、私の家庭もそうでしたが、バリ州は人口約四百万人でその九割がヒンドゥ教です。かなり戸惑いました。とはいえ、高校での日本語教授は難しくもあり、やり甲斐があります。複数の高校を転任して十五年、高校での日本語教師職のほかに、デンパサール市日本語教師会会長も務めるまでになりました。

九九年に来日の機会が与えられました。独立行政法人国際交流基金の日本語教師長期研修（一年間）に選ばれたのです。結婚して一年目、妻には悪かったのですが長男が生まれ二人を残して単身日本研修でした。

成田空港に到着し、都心に向かう車窓からの光景には驚きの連続でした。その後の日本語研修も語学のみならず日本の生活を学べるまたとない機会でした。ホームステイもあり、お正月の一週間を過ごさせていただきました。十二月の大みそかに神社にお参りに行き、翌お正月にはおせち料理です。おもちも何でも挑戦しました。私は持ち前のこの何でもやってみるという姿勢が日本語の上達にもつながっていると思っています。教え子にはいつもそうした姿勢を指導しています。

日本人が好きというので、温泉もホストファミリーに連れて行ってもらいました。最初は恥ずかしくて勇気がいりましたが、今では温泉は大好きです。同じ研修に参加したさまざまな国の先生方の中には、温泉だけは嫌という人は多いのですが、私は経験できて本当に良かったと思います。インドネシアの高校の授業でもいつも生徒に「まずはやってみなさい」と指導します。

生徒とともに日本の生活

初来日のときから今年で十六年、その間、五回の研修の機会が与えられ日本に来ました。その内四回はホームステイがあり、昨年のホストファミリーは栃木県の日本舞踊家、坂東右八朗さんのお宅でした。和室や稽古の様子など、特別な経験をさせていただきました。帰国後には坂東さんがデンパサールに二泊三日で来てくださり、家族にも紹介でき、とても良い交流が続いています。

来日中には教え子との出会いもありました。日本語を勉強するインドネシアの高校生にとって、日本へ行くことは大きな目標です。人数は少ないですが、日本の文科省の留学試験に挑戦し来日を果たした生徒がいます。

私も来日していたときにその生徒と一緒に食事をして一時を過ごしました。教師として本当に嬉しいことです。今後、こうした日本を好きな生徒が増えていき、私に代わってインドネシアと日本の交流を進める人材になってくれるものと思います。

昨年の一月には、故郷の東ジャワ・ジョンバンの高校に転任となりました。十五年ローンで家を建て、母と一緒に家族と住んでいます。亡くなった父もこうして来日まで果たしたことを喜んでくれると思います。私の長男は警察官になりたいようですが、もし日本留学をしたいと言ったら、教え子同様に出来る限りのサポートをしていきます。

一九六八年、インドネシア・ジョンバン（東ジャワ）生まれ。九二年、国立スラバヤ教育大学日本語科卒業後、パスルアンにある日本企業（スリッパ製造）に通訳として就職。九六年、教育省の日本語教員に応募、採用され、バリ島・デンパサールに赴任。複数の高校での日本語教師を歴任後、同市の日本語教師会会長となる。二〇一四年に転勤により東ジャワに戻り高校で教鞭をとるかたわら、現職を務める。高二、中一、小一男子の父。

子供たちに日本の心と技術を

（平成二十八年一月号）

深谷ボクシングスクール 代表
市川《いちかわ》 英美《ひでみ》

大学を卒業したら先輩に付いてアメリカに行き、スポーツ施設に就職する予定でした。海外という未知の世界で自分を試してみたかったのです。ところが卒業式も間際のころに現地の事情が変わり中止になったのです。途方に暮れて大学の先輩に相談すると大阪の建設会社を紹介され就職できました。その後、旅行では行ったものの海外で働くという夢は果たせないまま今に至ります。とは言え、この歳になっても、未知の世界での体験は追い求めており、その一つに、宇宙から地球を見てみたいという夢を追いかけています。

ボクシングとの出会い

中学のときから野球に夢中になり、サードでトップバッターでした。誰もが地元の青森県上北郡の高校で野球を続けるだろうと思う中、あえて八戸の高校に進学、親にも内緒でボクシング部に入部しました。新たなスポーツに憧れたからですが、いざ入ってみるとハードな練習と先輩の厳しい指導に恐れをなし、私も含め新入部員の誰もが退部を考えました。そうしたときに顧問で英語の角金秀祐先生の指導が素晴らしいものでした。「後輩の指導は厳しく且つ愛情をもって」と先輩に懇々と話され、それがきっかけで部全体の雰囲気も変わりインターハイの出場が叶いました。試合の様子が新聞に載りボクシング部と分かり親を驚かせました。

高校卒業後は農家を営む両親に学費の心配をさせたくないという思いと体力には自信があったので地元の自衛隊に入隊しました。ボクシングとの縁はここでもつながり埼玉県・朝霞の体育学校でオリンピックを目指す競技練習の日々が始まりました。それと同時に隊内の先輩に勧められて自衛隊の制度を利用して夜学にも進学しました。昼は隊員としての訓練とボクシング、夜は大学と二足のわらじで頑張りました。

国体を二度経験しました。今でも自慢なのは、ミュンヘンオリンピック出場後、プロの世界チャンピオンになったロイヤル小林にアマチュア時代唯一の黒星対戦相手が私だったことです。

青少年にボクシング指導

一九七二年、思いもよらなかった大阪の建設会社への就職。入社式に集まった四十人の中の二十人はいずれも名のある大学のスポーツ選手や主将たちでした。ボクシングで鍛えられた私もここで頑張ろうと思いを新たにしました。最初の仕事は、郷里が青森だったこともあり東北自動車道の建設でした。宮城県・白石市の作業所で二年間、日本の高速道路構想を知るまたとない機会でした。

これまで何度もあったターニングポイントでの出会いが今の私を形作ってくれたのですが、この白石の地では、生涯にわたり私の幸運、妻と巡り会うことができました。その後、九州の伊万里湾の埋立て工事、次は関越自動車道の建設で埼玉県・深谷に来ました。

八八年、二人目の娘が生まれたのを期に、転勤族をやめて深谷に家を建てたいと、上京していた母に相談しました。すると何と三ヵ月後、青森の親戚や友人が大挙してやって来ました。祖父の育てた木材を持って来て家を建ててくれたのです。親の有り難さを改めて感じるとともに、皆で助け合って暮らす、これが日本だと感じました。

地元での建設関連の仕事が順調に進み、娘が通う小、中、高校からPTAの仕事をして欲しいと依頼がくるようになりました。様々な役員をし、最後に高校の会長を三期務めました。その中で地元の子供たちに接し地域で子供を育てることの大切さを痛感しました。自分にできるボクシングを通して心の強い子を育てたいという思いから、ボクシングスクールを設立しました。子供たちに興味があればそれが好機、やりたいときに教えるのが一番と考えます。

国際スポーツ交流

スクールではボクシングの初歩から実際にグローブを着けて教えています。すると子供たちの目が輝きます。技術以上にうるさく言い続けたのは以下二つです。

一．脱いだ靴を揃える

二．挨拶は大きな声ではっきりとする

この二つが社会に出たとき通用すると思うからです。これは、海外の子供たちを教えるときも同じです。

二〇一一年に国際フレンドシップ協会の野上忠男会長（当時）と出会いすぐに子供たちの育成で意気投合しました。「アジアで有望な子供を見出して、日本でスポンサーを探し技術を身に付けさせ、将来的にその国を背負って立つ人材にする。日本の和の精神も伝える」という構想です。スポーツということであれば私の今まで培ってきた様々なスポーツの知人がいます。その人たちの手と手を結び合わせることができればと思っています。それなら私にも国際交流のお手伝いができるのではと思い参加しております。

今、世界で戦争や殺戮が多発して、子供たちの夢が壊され、生きる希望もない子供たちの様子がメディアを通して流れてきます。残念でなりません。これまで私が受けた温かい手を今度はその子供たちに差しのべることがしたいです。それが自分にできる国際交流だと思っています。キラキラ輝く子供たちがいる地球を宇宙から見たいです。

一九四八年、青森県生まれ。七二年、専修大学法学部法律学科卒業後、株式会社富島組、七九年から株式会社東亜興業に勤務。八八年に埼玉県・深谷市に建設関連会社を起業、妻が社長を務める。九三年に深谷ボクシングスクールを設立。地元の青少年にボクシングに接する機会を提供する。二〇一一年から一般社団法人国際フレンドシップ協会理事となり国際スポーツ交流を目指す。娘三人、孫七人。

ホストファミリーになりませんか

（平成三十年三月号）

主婦　杉原《すぎはら》　裕子《ゆうこ》

訪日する海外の方のホストファミリーをするようになって二十五年が経ちます。二十ヵ国以上、五十名を超える方をホームステイで我が家にお迎えしました。

出身国、宗教、文化、性格、滞在期間はそれぞれです。滞在中は、できる限り自由に過ごしてもらうようにするとともに、短い間でも、家族の一員として過ごす時間をもつように心がけています。一緒に食事をしたり、季節の行事を行ったり、外出して日本文化を体験したりしています。私自身、米国留学中に、ホームステイで、ホストファミリーに同じようにしてもらいました。その恩返しだと思っています。

米軍基地での交流

海外とは縁のない、自動車部品の町工場を営む両親の家庭に生まれ育ちました。今思えば、両親はよく従業員を家に招いてもてなし、私もその輪に入り楽しんでいました。その後自分が大勢の外国人のホストファミリーをするようになったのも、幼少時の人をもてなす楽しさの実感があったからだと思います。

初めての外国人との交流は、小学生のころに行った近所の米軍基地でです。両親の友人が米軍基地内のテニスクラブに所属していて、テニス好きのアメリカ人たちに招かれて、よく一緒にテニスをしていました。楽しみにしていたのは、テニス後の基地内のカフェテリアでのバイキング料理です。テニスクラブのメンバーと歓談しながら好きな料理を好きなだけ食べる時間は、至福の時でした。海外の人と一緒に時間を過ごすことの楽しさを実感した交流でした。

中学生になると、英語の授業も始まりましたが、文法中心の授業は好きになれず、どちらかというと、拙くても海外の人と生で会話をしたり、洋楽の英語を聞いたりするのが好きでした。米軍基地には、中学になっても引き続き通い続けていましたが、決して英語が流暢に話せたわけではなく、身振り手振りでコミュニケーションをとっていました。自由に英語を話したいと思い、親に頼んで英会話スクールにも通わせてもらいました。いつか米国に留学したい、そんな夢をもつようにもなっていました。

米国での留学体験

高校では好きなテニスに没頭。進路を考える際には、留学を夢に描きながらも、現実的には、手に職をつけることを考え、保育専門学校に進学。卒業後は、保育園に勤めました。保育士として子供に接する楽しさを感じながらも、やはり留学したいという思いが強くなり、勤務して三年後に米国留学を決意。八七年、東海岸に位置するヴァージニア州に渡り、翌年大学に編入しました。

現地の大学では、「インターナショナルクラブ」の部長を務め、地域住民に折り紙や華道、雛祭や節分などの日本の行事を紹介。地域コミュニティー内での住民の強い結びつきを感じました。大学付属のプリスクール（日本の幼稚園・保育所に相当）でのインターンシップにも参加し、地元の幼児たちと日本の歌を歌ったり、紙芝居を作って、日本の昔話を英語で紹介したりしました。厳しくしつけるというよりも、幼いながらも自由を重んじた保育に、文化の違いを感じました。

夏休みなどの長期休暇中は、大学寮が閉まってしまうので、現地の一般家庭にホームステイさせてもらいました。三年間の米国滞在中、全部で十以上の一般家庭にお世話になりました。多様な家庭文化と、イースターやハロウィン、感謝祭やクリスマスといった米国一般の年中行事も一緒に楽しみ、かけがえのない貴重な経験となりました。

日本のお母さん

九〇年に帰国した後は、就職、結婚、育児と忙しい時間を過ごしましたが、海外の方との交流の楽しさが忘れられず、すぐに訪日外国人のホームステイのホストファミリーをするようになりました。

ホストファミリーをしていると時に思いがけないことにも遭遇します。ベルギー出身の男子高校生が滞在したときには、友人とトラブルがあったのに、それを私に話してくれず、問題が大きくなってから、他の人から聞き知ることになりました。「私はあなたの日本のお母さんだから、何でも話して」と正直な思いを伝えると、以後、色々と話してくれるようになりました。心を込めて話すことで通じ合えたのです。

アラブ首長国連邦のドバイから来日した二人姉妹を冬に迎えた際には、家族と一緒にこたつに入って話をしました。とても気に入ったようで、持ち帰りたいとまで言いましたが、残念ながら持ち帰るには大き過ぎました。普通の家庭ならではの体験がホームステイの良さだと思います。

ホームステイ中は、家族も一緒にもてなしの心で接してくれます。長崎出身の夫は、長崎ちゃんぽんや皿うどんを作って、地方食を紹介。娘たちは、一緒に会話をしたり街に出かけたりします。長くホストファミリーをできているのは、家族で気張らずに一緒に楽しんでこられたからだと思います。

二〇二〇年の東京オリンピック・パラリンピックを控え、ますます増える訪日外国人。これからもホームステイを通じて、海外の方との交流を楽しんでいきたいです。皆さんもホストファミリーになりませんか。

一九六三年、東京生まれ。高校卒業後、保育専門学校に進学、保育士として保育園勤務。八七年から米国ヴァージニア州・サザンセミナリーカレッジに留学。九〇年に帰国後、外資系や日本企業に勤務。結婚、子育てを経て、現在に至る。夫と二人の娘の母。

和菓子を海外に広めたい

（平成三十年十二月号）

有限会社 喜田家 工場長

中西《なかにし》 浩樹《ひろき》

今年七月、英国・ロンドンの大きな会場の一角で、約百名の観客が見守る中、和菓子制作を実演した。日本文化を紹介する催しで、ゲームやアニメ、書道ほか様々なコーナーがある中で、和菓子は初の試み。大きなハイパーシアターに制作の様子が映し出され、その後、質疑応答となった。英国ほか、ヨーロッパ周辺の国からも見に来ている一般市民は、ほとんど和菓子の存在を知らない。「生菓子の認定試験に合格した者に与えられるエンブレムです。日本で約百三十名のみ」と白衣を示すと、ウォーと声が上がる。その反響、反応に圧倒されながら自身の中の興奮を抑えられなかった。十六年前、この地で和菓子を海外に広めたいと思い、その一歩を今、踏み出している。

日本のことを知りたい

通信会社に勤務していた両親の転勤で英国に行くことになったのは高校二年生の二学期だった。姉は高三で受験のために日本に留まったが、私には選択の余地はなかった。幼い頃から両親は私に英語の必要性を説き、小学校から英語はやらされていた。でもあまり好きではなかった。その私が英国で英語での授業を受けなければならない。ただ、救いだったのは同級生たちだった。皆、海外赴任の日本人子弟で英語はうまく、優しく純真な生徒たち。日本の環境とは全く違い衝撃を受けた。

同じ年で同じ学年、皆、真剣に将来を考え勉強し自分に合った大学を目指していた。でも私は彼らとは同じにはできないと感じた。きっと自分にできる何かがあると必死に考えた。校則は厳しいけれど、先生方は親身に、人生のことなど相談にのってくれた。

そうしたある日、父とロンドン市内の和食レストランで昼食を食べていると、ふと視線の先に日本女性と外国人男性のカップルがたい焼きを食べているのが目に留まった。女性は美味しそうに食べ、男性は何と中のあんこをきれいに取り、皮だけを食べていた。その光景が目に焼き付いた。日本食そして日本文化を分かって欲しい。私も日本文化をもっと知りたいと思った。

和菓子を作る

物を作ることはもともと好きだった。和菓子もよく母が買ってきてくれて好きだったし、料理も両親を手伝って作っていた。将来、「和菓子を作り日本文化を広めたい」という思いが固まった。同級生が皆、大学に進む中、早速、和菓子の専門学校を探した。高校を卒業した時点で入学願書の受付が間に合う学校は一つだけだった。両親に話すと驚いてはいたが反対はなかった。それまで自分の意志を言うことのない私が、初めて決めたことだった。

日本に帰り、学校の近くで一人住まい。二年間の専門学校は本当に楽しかった。毎日知らないことを知って、実習もあり、製菓理論、栄養学や材料の特性、食中毒の菌などについても細かく学び、製菓衛生士の国家試験受験準備もした。あんなに勉強したことはなかった。一日も休むことなく通い、お陰で卒業と同時に海外に工場をもつ和菓子屋に就職できた。社長の妹さんが英国でどら焼きとアイスクリームを作っているお店だ。

菓子のコンテストには毎月出展させてもらった。毎月テーマがあり、それに合った創作生菓子を作り、色彩、表現、技術が審査される。楽しみもあるけれど毎月出すのは苦でもある。コンテスト結果は毎月発行される冊子に掲載され、一位の作品は表紙をカラーで飾る。中には二位から十作品はカラーで、あとは白黒になる。年間優秀賞をとるには、十二回、毎月出品しなければならない。風邪など引くことも許されない。幸い小中学生のときからサッカーで鍛えたので、元気に日々頑張ることができた。六年目、正月「鶴亀と松竹梅」をテーマにした和菓子で一位、そして最優秀賞をいただいた。

和の創造、業界を元気に

今も毎日、次は何を出そうかと考えながら、「海外に和菓子を」という初心ももち続けている。

　実は二十三歳のとき、英国の工場を経営している社長の妹さんから和菓子を作りにいらっしゃいと招かれたことがある。準備万端、飛行機に乗ったが、何と入国を許されなかった。多量な和菓子の材料と白衣を持っていたからか、不法就労とみなされたのだ。それから十数年、すぐ再チャレンジをする気持ちにはなれず、日本で修行を続けていた。今年、英国からの展覧会のお誘いで、機は満ちたと思った。英国の高校に来たときは苦手な英語だったが、今、和菓子のことになると、英語で語ることができる。

　これからは、日々新たな和菓子を創造しながら、もし呼んでもらえるのであれば、どこの国でも行って和菓子を紹介し、その味を知ってもらいたい。仕事の朝は早い。五時に出勤してその日の和菓子を作る。その分、夕刻は十八時には帰られるので、息子娘との時間もできるのが嬉しい。こうして、自分の好きなことができるのも二つ年下の嫁の応援が大きい。自分をしっかりもっていてタフでカッコいい女性だ。

　五年前から工場長を任されている。和菓子業界がより元気になるには、多くの後進を育てることだと思う。仲間を増やし、和菓子を国内外に広めたい。

一九八四年、東京生まれ。二〇〇二年、立教英国学院を卒業後、東京製菓学校に入学、二年間の課程を修了。〇四年、有限会社喜田家に就職し、製菓衛生士国家試験合格。一〇年、全国和菓子協会主催、生和菓子コンテストで年間優秀賞を受賞。同年、「選・和菓子職」生菓子認定試験合格。一八年、英国の博覧会、ハイパージャパン（HYPER JAPAN）で和菓子を紹介。一三年より現職。二男一女の父。

エネルギー維新を目指して

（平成三十一年一月号）

東京大学大学院 教授 工学博士
松橋《まつはし》 隆治《りゅうじ》

大学院生だった一九八八年、オーストリアで三ヵ月間、ＩＩＡＳＡという、国際応用システム分析研究所の若手研究者研修に参加しました。同研究所は七二年に東西冷戦下ながら地球規模の諸問題を解決するために、ソ連、アメリカ、イギリス、ドイツ、日本など東西十二ヵ国が政治的な立場を離れて設立し、現在は加盟国も二十ヵ国です。ウィーンの郊外、ラクセンブルク村にあり、オーストリア女大公・ハンガリー女王、マリア・テレジアの別荘で、長い廊下に机を並べ、世界中から集う約五十名が二酸化炭素（CO_2）の削減などについて議論を交わしました。

環境とエネルギー問題

週末には職員たちとソフトボールも楽しみましたが、アメリカ人やカナダ人はうまく、ロシア人は苦手。ドイツ人はサッカーは得意ながらバットは初めてで、素振りを教えると、"Now I've got a principle."（原理が分かった）と仲間入り。ベルリンの壁が崩れる前で、"I have some hope.〟と東西融合を予感していたようです。それぞれの国情を背負いながらも同じ目的で地球の未来を皆で見据えていました。

環境問題を意識したのは小学生のころでした。北海道大学土木工学科を出た父が、道路作りの夢を求め大阪に移り、私は幼稚園から高校まで堺市で過ごしました。小学校の低学年の時、校庭に黄色い旗、赤い旗が立つと校庭に出ることができなくなりました。光化学スモッグが問題になっており、この空気を何とかしたいと子供心に思いました。その後、大学受験のころは、核融合が当時の夢のエネルギー技術で、そういうこともやってみたい、と東京大学を受験しこの道に入りました。

大学では授業のほか、地球環境を考える会や三菱総研、国立環境研究所等も訪ね研究テーマを探りました。妻と出会ったのはそうした研究会でした。修士論文でエネルギー技術の研究を終え、より焦点を地球環境に絞ることにし、温暖化問題の対応策を研究されている茅陽一先生に師事しました。

先のウィーンの研修から帰国したときに茅先生から、「君のいない間に世界の動きが大きく変わった」と言われたのを覚えています。その年のサミットでの地球温暖化防止に関する宣言を受け、日本政府はＩＰＣＣという気候変動に関する政府間会合に積極的に参加し始めたのです。

各国の留学生と議論

研究室には外国からの留学生が多く、インド人のクリシュさんもその一人。マハトマ・ガンジーのひ孫で、インドに戻り日本企業の現地支社副社長を務めており、今でも来日すると連絡があります。おっとりしているタイのプラーモットさん、中国の呂さんと王さん、台湾の何さん、韓国の金さん、皆それぞれの国情を背負っており、研究を離れるとそこは世界の縮図で、私はもっぱら議論の仲立ちでした。

論文発表の前日など、準備が夜中までかかり、明け方まで開いている上野の中華店に皆でよく行き話をしました。日本語のうまい留学生もいましたが、会話は英語でした。今、思えば、小学校高学年のときに近くの英会話教室に通っていたからか、英語は話す環境であれば話し出すと話せます。逆に話さないとすぐに話せなくなります。

今、私の研究室にも留学生が多く、ゼミは英語で行っています。とは言え、挨拶は日本語にしています。電気系工学専攻の伝統で、必ず先生に起立、礼をして授業に入ります。当初は学生に強いるようで嫌でしたが、ある時、仏教の本を読んでいたら、挨拶の「挨」は相手に近づくこと、「拶」は相手から引き出すという意だと分かりました。かつてインドで生まれた達磨大師が中国に禅宗をもたらし、それを道元と栄西が日本に伝えました。山の中で修行をしているときに、師と会って真理を取得するには、短い挨拶の中で教えを引き出すことが重要でした。学生からも相互に学びを引き出す、ということで、留学生も一緒に挨拶をしています。

地方発のエネルギーを

電気工学の博士論文を終えた後は、エネルギー・資源・環境をテーマにし、最近では特に再生可能エネルギー・システムの研究を続けています。太陽光や他のエネルギーを電力システムに取り込むにはどうしたらよいか。実生活に根差した研究です。日本で太陽光発電等が可能となるのは地方が多く、地方自治体との連携が必要です。例えば佐賀県とは、水素エネルギー導入に関する検討をしています。また関東・秩父では市が電力会社を作りました。北海道の町もしかり、地方から新しいエネルギー・システムが誕生しています。

福岡県みやま市は人口四万人、そこで生まれた地域の電力会社が脚光を浴びており、小さなところから大きな動きが起きつつあります。九州と言うと明治維新の薩摩、肥前などを思い浮かべます。大隈重信、福沢諭吉なども九州出身。『西郷どん』ではありませんが、明治維新の立役者たちは学問の基礎にも関わっています。そこには新しいことを起こす「維新の力・胆力」を感じます。海外では、ドイツ他、再生エネルギーのモデルができていますが、今後、エネルギー維新が日本から起こり、世界に広がると思っています。

一九六三年、北海道生まれ。八五年、東京大学工学部電気工学科卒業。九〇年、同大学院電気工学専攻博士課程修了。工学部資源開発工学科助手、大学院新領域創成科学研究科准教授を経て、九九年、同教授。二〇一一年、工学系研究科電気系工学専攻教授、現在に至る。一〇年～一八年三月、独立行政法人科学技術振興機構・低炭素社会戦略センター研究統括。書著、論文多数。一男の父。

編集後記

昭和六十三年（一九八八年）、平成元年前年は、世界最長の青函トンネルや瀬戸大橋が次々に開通、東北新幹線・上越新幹線の開業、そして東京ドームが開場した年。七〇年代の二度のオイルショックを切り抜け、経済が回復し、「国際交流」や「国際化」の諸施策が提示され国際理解の大切さが話題になっていました。そうした中、公益法人の使命として国際人材育成と世界平和を願い、小さな機関紙、“the COMMUNICATOR”を創刊しました。

以来、平成の三十年を通して、「世界と日本を、そして世界の心と心を結ぶコミュニケーターでありたい」との願いを込め、さまざまな形で国際交流に携わっている方々へ、「真の国際社会のありかた、国際交流とは」をテーマに、政府、民間レベルの草の根国際交流活動のヒントになるコラムを掲載し続けてきました。

巻頭インタビューでは毎月、各界の著名人から主婦まで、それぞれの国際交流観を語ってもらい、その編集をするにつけ、「国際理解、国際交流もしくは国際協力とは何か」と一口に言えるものはないという思いに至りました。一人ひとりの活動が国内外、そして国、文化や宗教を超えて、人と人との心を結びつけ、それが広がれば、世界は平和になると信じます。

令和元年を迎えた節目に、昭和六十三年八月創刊号から平成三十一年一月号までの三百二十七号の「私と国際交流」インタビュー記事の中から六十点を掲載当時の内容のまま一冊の本にまとめました。平成の時代背景を感じながら、さまざまな分野で活躍されている先達の思いを、これからの令和時代に個々の国際活動の参考にしていただければ幸いです。

最後に、今回は限られた頁数のため、六十点のご紹介になりましたが、これまで「私と国際交流」にご登場くださったすべての皆様に心より感謝申し上げます。

及川伊佐子

編者：及川伊佐子（Oikawa Isako）

一般社団法人国際フレンドシップ協会　理事・事務局長。

東京都出身。大手商社勤務を経て海外留学後、1980年に当時、外務省の外郭団体、国際交流サービス協会に入会、海外からの技術研修員や招聘客の日本滞在オリエンテーション業務等を担当。1985年より、日本の青少年海外派遣事業「ジュニア大使友情使節団」を上司・横山総三専務理事（当時）の下、創始に参加。1988年より、国際交流誌 "the COMMUNICATOR" の発行・編集を行う。1992年、青少年交流事業の移行・継承により、日本外交協会勤務となり、新たに設置の国際事業部で事業を引き続き、2005年、再度、当該業務が国際フレンドシップ協会に移行され、現在まで39年間、人物招聘・派遣事業・交流誌発行業務に携わる。

私と国際交流 ―インタビュー集―

令和元年6月17日　初版第1刷発行

編　者　　及川伊佐子
発行所　　一般社団法人国際フレンドシップ協会
発行人　　平形澄子
発売所　　株式会社 出版文化社
〈東京本部〉
〒101-0051 東京都千代田区神田神保町 2-20-2 ワカヤギビル 2F
TEL：03-3264-8811（代）　FAX：03-3264-8832
〈大阪本部〉
〒541-0056 大阪府大阪市中央区久太郎町 3-4-30 船場グランドビル 8F
TEL：06-4704-4700（代）　FAX：06-4704-4707
〈名古屋支社〉
〒454-0011 愛知県名古屋市中川区山王 2-6-18 リバーサイドステージ山王 2F
TEL：052-990-9090（代）　FAX：052-324-0660
〈出版物受注センター〉
TEL：03-3264-8825　FAX：03-3239-2565
E-mail：book@shuppanbunka.com
印刷・製本　中央精版印刷株式会社

Edited by Isako Oikawa, Co-edited by Kazuma Mori,Design Office crew
ISBN978-4-88338-662-8　C0036